FACULTÉ DE DROIT DE PARIS

DE L'ÉCHANGE

EN DROIT ROMAIN ET EN DROIT FRANÇAIS

PAR

MARCEL LEMERCIER

AVOCAT

RÉDACTEUR AU MINISTÈRE DE L'AGRICULTURE ET DU COMMERCE

PARIS

IMPRIMERIE CENTRALE DES CHEMINS DE FER

A. CHAIX ET Cie

RUE BERGÈRE, 20, PRÈS DU BOULEVARD MONTMARTRE

1879

THÈSE
POUR LE DOCTORAT

FACULTÉ DE DROIT DE PARIS

DE L'ÉCHANGE

EN DROIT ROMAIN ET EN DROIT FRANÇAIS

THÈSE POUR LE DOCTORAT

PAR

MARCEL LEMERCIER

AVOCAT

RÉDACTEUR AU MINISTÈRE DE L'AGRICULTURE ET DU COMMERCE

L'acte public sur les matières ci-après sera soutenu le mercredi 30 juillet 1879, à midi

Président : COLMET DE SANTERRE

Suffragants	MM. MACHELARD DUVERGER ACCARIAS	*Professeurs*
	BOISTEL LYON-CAEN	*Agrégés.*

PARIS

IMPRIMERIE CENTRALE DES CHEMINS DE FER

A. CHAIX ET Cie

RUE BERGÈRE, 20, PRÈS DU BOULEVARD MONTMARTRE

1879

A MES PARENTS

INTRODUCTION

I. Origines historiques du contrat d'échange.
II. Plan général de cet ouvrage.

I. Lorsque l'on pénètre un instant dans la vie journalière des peuplades sauvages et des nations peu civilisées, on est frappé dès l'abord de n'y rencontrer en quelque sorte qu'un seul et même acte juridique, véritable transaction commerciale, par laquelle chacun se procure, moyennant l'aliénation de quelque objet en nature, la chose qui lui peut être nécessaire, utile ou agréable.

Telle quelle, cette opération, qui constitue à tous égards au sein des sociétés naissantes le premier des contrats, n'est autre que l'échange, et c'est sans doute à son caractère simple et primitif qu'il faut attribuer cette haute antiquité que, depuis de longs siècles, Grecs et Romains, poètes et jurisconsultes, tous en un mot s'accordent à lui reconnaître (1) et que constatait déjà implicitement en ces termes le divin Homère :

« Ἔνθ' αὖτε Γλαύκῳ Κρονίδης φρένας ἐξέλετο Ζεύς,
» Ὃς πρὸς Τυδείδην Διομήδεα τεύχε' ἄμειβεν » (2).

Mais le jour où, *usu exigente et humanis necessitatibus* (3), apparut avec la monnaie un signe représentatif de toutes choses, le jour où fut créée la vente « *ut difficultatibus permutationum æqualitate quantitatis subveniret* », l'échange se vit fatalement condamné à disparaître pour ainsi dire absolument, et c'est ce qui en réalité ne tarda pas à se produire.

---

(1) Hermogénien (L. 5. *De justitiâ et jure*. D. I, 1).

(2) Vers rapportés au Digeste dans la loi 1, § 1. *De contrahendâ emptione* (XVIII, 1).

(3) Institutes. (L. 1, tit. II, § 2.)

Bientôt, en effet, la supériorité du nouveau mode de déplacement des valeurs étant universellement reconnue, « l'échange, comme le dit » fort bien M. Troplong, n'est plus qu'un calque » une sorte de copie; il est le servant de la » vente, il lui emprunte ses règles, sa vie, et s'il » est entre tous les contrats commutatifs celui qui » joue le plus grand rôle dans les siècles de » décadence et de barbarie, il devient, aux » époques de progrès social, l'un des moins fré» quents dans les rapports civils internes, l'un » des plus étrangers au mouvement de la pro» priété. »

Assurément, pour qui le considère en tant qu'auxiliaire du commerce extérieur, son importance pratique est et sera probablement toujours considérable, mais, au point de vue du pur droit civil, il ne saurait offrir dans toute société policée que des applications relativement très-rares, et c'est pourquoi l'on écrit volontiers des volumes sur la vente, alors que l'on consacre tout au plus quelques lignes à l'échange.

L'intérêt juridique qui s'attache à ce contrat est bien là, il est vrai, pour protester en sa faveur, mais rien n'y fait, car, pour emprunter encore une fois à M. Troplong l'expression de notre pensée, « les légistes suivent la marche » progressive de la société; c'est pour elle qu'ils » travaillent; c'est pour ses besoins qu'ils donnent » des préceptes et des réponses. »

II. Moins haute, mais sans doute aussi moins ingrate est la tâche que nous nous proposons, car c'est uniquement au point de vue juridique et sans nous aventurer aucunement sur le terrain de l'économie politique ou commerciale, que nous étudierons ici l'échange.

Aussi bien, même dans ces limites si resserrées en apparence, le champ qui s'ouvre devant nous est encore assez vaste et assez intéressant à parcourir.

C'est d'abord l'échange romain qui se présente à nous, revêtu de ce cachet si original et si profondément civil des contrats innommés.

Puis, le voilà qui se transforme sous l'influence d'un état social tout autre, et qui vient s'offrir à nous dans l'ancien droit français avec ces règles si variées et parfois si étranges, dont il nous présentera en matière de retraits féodaux et de profits seigneuriaux les applications les plus remarquables.

Enfin, par une révolution nouvelle, voici qu'il revêt à nos yeux dans le Code civil son caractère actuel, et que, réduit en quelque sorte à n'être plus pour nous qu'une espèce particulière de la vente, il n'est plus jugé digne par le législateur que de quelques articles.

Mais ce n'est là pour nous qu'un attrait de plus : à défaut de textes spéciaux à la matière, nous avons, pour nous aider dans notre tâche, deux puissants auxiliaires, la comparaison et la discussion, et, assuré désormais de trouver dans les trois parties de ce travail un égal intérêt, nous n'avons plus qu'à nous mettre courageusement à l'œuvre : c'est ce que nous ferons sans plus tarder, en commençant, suivant l'ordre chronologique indiqué dans notre plan, par l'étude de l'échange romain.

DE L'ÉCHANGE

PREMIÈRE PARTIE

DROIT ROMAIN

CHAPITRE PRÉLIMINAIRE

FILIATION JURIDIQUE DU CONTRAT D'ÉCHANGE.

I. Le contrat *per æs et libram*. — II. Les contrats nommés. — III. Les pactes et les contrats innommés. — IV. Le contrat *do ut des*.

I

La consécration légale de toute convention licite et librement formée apparait dans le droit moderne comme un des principes fondamentaux de la théorie des obligations.

Toutefois, si juste et si rationnelle que semble de nos jours l'idée de cette sanction civile, elle n'en fut pas moins en réalité le produit tardif d'une évolution lente et pénible du progrès juridique, et l'on s'étonne à bon droit d'en rechercher vainement les premières applications dans cette législation romaine que la rigueur même de son inflexible logique eût dû conduire de bonne heure vers une solution à la fois si équitable et si pratique.

Quelle que soit d'ailleurs la justesse de cette critique, la portée n'en doit cependant pas être étendue au delà de ses termes. Il est vrai, le libre consentement de deux êtres capables, poursuivant comme but de leur convention la création d'une ou de plusieurs obligations licites, ne fut jamais civilement consacré par la législation romaine. Mais, cette restriction faite, si l'on suit avec quelque attention, depuis les temps peu connus de la royauté jusqu'à la fin du règne de Justinien, le mouvement progressif de la jurisprudence romaine, on est amené à reconnaître que, ni dans les dispositions relatives à la condition des personnes, ni dans les questions qui se rattachent au régime des biens, nulle part, en un mot, la lutte entre la raison naturelle et le droit positif n'apparait plus vive et plus originale que dans la matière des conventions privées, nulle part elle ne se poursuit avec plus de ténacité, nulle part elle ne se montre plus féconde en heureux résultats.

Les origines de la théorie des conventions privées sont presque aussi obscures que celles de la royauté quiritaire, et ce n'est pas sans peine qu'on parvient à les découvrir dans les solennités *per æs et libram* de l'antique *nexum*. Mais les applications de ce contrat primitif se restreignirent-elles, dans la pratique, aux quelques cas signalés par les textes (GAÏUS III, 173. — VARRO. *De linguâ latinâ*. L. VI, § 5), ou faut-il voir, au contraire, dans les formalités puériles de sa formation, un moule obligatoire seul capable d'imprimer à toute convention une sanction légale? C'est là une question encore mal élucidée de nos jours, et que la rudesse incontestée du vieux droit quiritaire semble permettre de trancher, à défaut de textes bien précis, en faveur de la seconde opinion.

I

Toujours est-il qu'en présence de procédés juridiques aussi imparfaits, la législation romaine ne pouvait rester longtemps stationnaire. Aussi ne tarde-t-on pas à séparer les deux causes d'obligations réunies dans le *nexum*, la *nuncupatio* et la *res*, les paroles solennelles et l'aliénation, et c'est ainsi que l'accomplissement d'un seul de ces deux faits, devenant dès lors suffisant pour procurer aux conventions le bénéfice de la consécration civile, on voit apparaître à la fois sur la scène juridique et les contrats verbaux et les contrats réels.

C'est sans doute vers la même époque que, par

suite d'une assimilation facile entre les effets de deux grands actes solennels, l'un oral, l'autre écrit, la stipulation d'une part, l'expensilation d'autre part, on en vient à reconnaître également le contrat *litteris*.

Plus tard, enfin, le cercle des transactions commerciales s'élargissant chaque jour, une nouvelle concession est arrachée par les exigences de la pratique au vieux formalisme quiritaire, et donne ainsi naissance aux contrats consensuels.

Dès lors se trouve définitivement constituée la liste des contrats nommés : *nomen et causam habentes a jure civili*, liste étroite à coup sûr, et dont l'examen attentif permet de discerner, dans chacune des conventions qui y figurent, les trois caractères suivants :

1° Un accord de volontés : *duorum pluriumve in idem placitum consensus* (L. 1, § 2, *De pactis*, II, 14) ;

2° Un engagement tendant à la création d'une ou de plusieurs obligations ;

3° Une dénomination spéciale et une sanction positive.

Un quatrième élément purement artificiel et arbitraire, que les interprètes ont très-heureusement appelé la *causa civilis*, sera bien encore nécessaire à la formation des quelques contrats nommés, qu'un texte d'Ulpien, maladroitement mutilé par les commissaires de Justinien (L. 5, *De pactis*, III, 14) désignait, en raison de leur caractère solennel, sous le nom de *conventiones legitimæ* (D. 7 *pr.* et § 1, II, 14); mais nous nous refusons absolument à étendre au-delà de ces limites les cas d'application de la *causa civilis*, et, sans insister autrement sur une question secondaire à peu près étrangère au plan de ce travail, nous préférons aborder de suite l'étude des conventions privées que l'exclusivisme de la doctrine romaine laissa toujours en dehors de la liste des contrats nommés.

III

Divisées scientifiquement en plusieurs classes mais réunies du moins sous le nom commun de pactes, ces conventions furent d'abord dépourvues de toute sanction civile, et pendant trop longtemps l'accord de deux volontés sur un même objet ne produisit rigoureusement aucun lien juridique. (L. 6 *De pactis*. D. II, 14. — L. 7, § 5, *eod. titulo*).

Certes, les inconvénients d'un pareil système étaient notablement atténués par la facilité avec laquelle les pactes pouvaient venir emprunter une consécration légale aux formes solennelles de la stipulation. Mais, outre que ce mode d'obligation présentait à la fois ses difficultés et ses dangers, il n'était toujours praticable qu'entre personnes présentes en un même lieu et toutes également capables de parler et d'entendre (GAÏUS. *Comm.* III, 105, 138).

La doctrine restait donc aussi contraire à l'équité qu'impropre à satisfaire aux exigences de la pratique, et la réaction contre la rudesse exagérée de ses principes ne tarda pas à se manifester.

Œuvre commune des préteurs, des prudents et des empereurs, elle ne dut ses succès qu'à une longue et pénible lutte, dont le résultat le plus remarquable, imputable à l'active intervention des prudents dans la matière des pactes isolés, se traduit par un mot : la formation progressive de la théorie des contrats innommés.

Bientôt nous retracerons les phases de cet enfantement laborieux, mais non sans avoir préalablement caractérisé, défini et classé, comme on ne le put faire qu'après le triomphe complet des prudents, les conventions qu'ils parvinrent finalement à rendre obligatoires.

Les contrats innommés, qui ne durent cette appellation ambiguë qu'à leur exclusion permanente de la liste des contrats nommés, présentent dans le dernier état de la doctrine romaine trois éléments constitutifs indispensables :

1° Une convention bilatérale, tendant à imposer une prestation à chacune des parties ;

2° L'accomplissement *ob rem* de l'une des prestations, c'est-à-dire l'exécution volontaire de la convention par l'une des deux parties à l'effet d'obtenir en retour la réalisation de la prestation promise par son cocontractant;

3° L'impossibilité de faire rentrer dans aucun contrat nommé la convention intervenue, soit qu'on la considère en elle-même, soit qu'on la suppose exécutée par l'une des parties.

Les caractères distinctifs des contrats innommés étant ainsi nettement établis, on arrive aisément à les définir comme des pactes synallagmatiques, qui, primitivement dépourvus de toute action, ont trouvé dans l'exécution même de la convention par l'une des parties l'élément générateur d'une sanction civile.

Quelle sera maintenant, la nature de cette prestation dont l'accomplissement transforme de la sorte un pacte nu en un contrat obligatoire ? C'est ce que nous apprend un texte célèbre du Digeste (L. 5, *pr. De præscr. verbis.* D. XIX, 5), où Paul, établissant une classification méthodique de la matière, fait rentrer tous les contrats innommés dans l'une des quatre catégories suivantes : 1° *do ut des*; 2° *do ut facias*; 3° *facio ut des*; 4° *facio ut facias*.

A peine est-il besoin de relever à ce propos que le *dare* désigne ici toute aliénation valable d'un droit réel quelconque, pendant que le *facere* comprend de son côté tout fait positif ou négatif, actif ou passif, juridique ou non. Tout au plus semble-t-il encore nécessaire de faire remarquer dès à présent que l'échange rentrera naturellement dans le *negotium do ut des*. La première proposition est en effet bien connue, et nous aurons forcément à revenir sur la seconde, après qu'une étude rapide de la théorie générale des contrats innommés nous aura permis de suivre à cet égard le développement de la doctrine au cours des trois périodes principales que l'on peut distinguer.

La première période, dont nous avons déjà partiellement signalé les abus, est celle où, ne reconnaissant exclusivement que les contrats nommés, le droit civil refuse, en dehors d'eux, toute action contractuelle.

Ce n'est pas à dire cependant que l'auteur d'une prestation *ob rem* accomplie en exécution d'une convention bilatérale restât nécessairement dépourvu de tout recours judiciaire. Une pareille situation eût été trop souvent en opposition directe avec ce principe de droit naturel formellement reconnu par le droit civil, que : nul ne doit s'enrichir injustement aux dépens d'autrui. Aussi le demandeur trouvait-il dans cette maxime le fondement soit d'une action en revendication, soit de la *condictio ob rem dati*, suivant qu'il avait ou non conservé après l'accomplissement de la prestation qui lui incombait, la propriété de la chose remise à son cocontractant (L. 65, § 4. *De condict. indeb.* D. XII, 6).

Mais, outre que ces deux moyens étaient fort défectueux, ils ne pouvaient encore s'appliquer qu'aux hypothèses *do ut des* et *do ut facias*, laissant ainsi dépourvus de toute sanction positive les *negotia facio ut des* et *facio ut facias*, dans lesquels la prestation fournie *ob rem* par l'une des parties ne pouvait, en raison même de sa nature, faire l'objet d'une répétition.

Tout restait donc à faire pour ces deux classes de pactes ; ce fut l'œuvre de la seconde période. Ici encore, l'équité seule inspire les jurisconsultes, et c'est uniquement en vertu d'un principe sanctionné depuis peu par le préteur, et aux termes duquel nul ne doit par son manque de foi porter préjudice à autrui, qu'ils parviennent à faire étendre l'action *de dolo* aux hypothèses *facio ut des* et *facio ut facias*, le bénéfice de ce moyen devenant d'ailleurs en même temps subsidiairement applicable aux *negotia do ut des* et *do ut facias*.

Toutefois, cette action de dol n'était pas elle-même sans inconvénients. Prétorienne, et par suite simplement annale, au lieu de comprendre toujours le préjudice subi par le demandeur, elle se restreignait après l'année contre l'auteur du dol, ou même à toute époque contre ses héritiers, à la mesure du profit injustement acquis par le défendeur, et entraînait l'infamie contre le condamné.

Pour être plus complet, le système de protection, organisé en faveur de l'auteur d'une prestation *ob rem*, n'en demeurait donc pas moins dépourvu de toute base réellement juridique, incapable qu'il était de procurer en aucun cas au demandeur le bénéfice de l'exécution de la convention par la partie adverse, et c'est aux Prudents de la troisième époque qu'était réservé l'honneur de concevoir et de développer une théorie plus équitable et plus rationnelle, considérant l'accomplissement de la prestation par l'une des parties comme une cause particulière d'obligation civile, comme un acte constitutif d'un véritable contrat

L'idée première de cette théorie semble devoir être attribuée à Labéon ; mais si le principe scientifique entrevu par ce jurisconsulte était trop équitable pour ne pas être adopté sans conteste, la sanction positive qu'il imagina de lui donner, l'action *præscriptis verbis*, présentait en revanche un caractère trop audacieusement novateur pour ne pas rencontrer de nombreux adversaires. Aussi voyons-nous dès l'origine la plupart des jurisconsultes Sabiniens plus attachés que les Proculiens aux rigoureuses traditions du vieux droit, protester contre l'inscription de cette formule nouvelle sur l'album du préteur, et proposer de sanctionner de préférence chacun des pactes récemment devenus obligatoires par une action *in factum*, calquée sur l'action directe du contrat nommé le plus analogue.

Les difficultés pratiques inséparables d'une pareille doctrine la condamnaient d'avance à une défaite certaine, mais son influence n'en fut pas moins considérable, et les noms seuls de ses principaux partisans suffiraient presque à expliquer comment il fallut près de trois siècles pour assurer le triomphe des idées proculiennes.

Introduite par Labéon sous les apparences fallacieuses d'un moyen judiciaire uniquement destiné à venir en aide au droit civil, l'action *præscriptis verbis* ne fut vraisemblablement appliquée tout d'abord que dans le cas où l'on se trouvait, sans aucun doute, en présence d'un contrat nommé, sur le nom même duquel on pouvait hésiter. Admise sans trop de défiance dans ces limites modestes, elle en vient insensiblement à s'appliquer bientôt, en dehors de tout contrat nommé, dans quelques hypothèses où l'exécution d'un pacte par l'une des parties n'obtenait encore du droit civil qu'une sanction précaire. Plus tard enfin, au commencement du deuxième siècle, Ariston paraît, et ne craignant plus de poser ouvertement un principe appliqué depuis cinquante ans par la jurisprudence, il conclut nettement de l'admission d'une action nouvelle dans la matière des pactes à l'existence d'une cause nouvelle d'obligation civile, à la reconnaissance formelle des contrats innommés : « *Sed et si in alium contractum res non transeat, subsit causa : eleganter Aristo Celso respondit esse obligationem : utputa dedi tibi rem ut mihi aliam dares ; dedi ut aliquid faceres* » (L. 7. § 2. *De pactis*. D. II, 14).

Si large et si hardie que parût à cette époque la doctrine ainsi formulée par Ariston, elle excluait encore du bénéfice de l'action *præscriptis verbis* les *negotia facio ut des* et *facio ut facias.* Que cette lacune ait été comblée dans la suite, c'est là un point qui, même pour l'hypothèse *facio ut des,* nous paraît absolument hors de doute, en dépit de certain texte du Code Justinien, (L. 4. *De dolo malo.* C. II, 21), et de la grande autorité de Cujas, et qui d'ailleurs s'écarte trop manifestement de notre sujet pour comporter ici un plus long examen.

IV

Nous reviendrons donc dès maintenant au *negotium do ut des* qui doit, plus que tout autre, appeler notre attention, et l'identifiant provisoirement avec l'échange, nous exposerons tout d'abord les controverses qui se firent jour dans la doctrine sur la nature de cette opération, en commençant par distinguer les trois aspects sous lesquels elle peut se présenter, savoir :

1° Le pacte d'échange ou *placitum permutationis;*
2° L'exécution unilatérale du pacte ;
3° L'exécution bilatérale.

De ces trois opérations, la première resta de tout temps, nous le savons déjà, dépourvue de toute consécration légale; la troisième, au contraire, fut de bonne heure et sans difficulté munie d'une sanction contractuelle ; la deuxième seule doit donc nous occuper ici et portera désormais pour nous le nom d'échange.

Le premier système que nous analyserons est indirectement établi par Celsus dans la loi 16, *De condictione causâ datâ* (D. XII, 4), à peu près en ces termes : Primus ayant fait une dation à Secundus pour en obtenir en retour la translation de propriété de l'esclave Stichus, et ce dernier étant venu à mourir fortuitement avant livraison, Primus aura une action en répétition pour recouvrer l'objet de la dation par lui réalisée.

Or, résoudre de la sorte l'espèce prévue par le texte, n'est-ce pas déclarer implicitement qu'aucun lien contractuel n'était encore formé lors du décès de l'esclave ? n'est-il pas évident en effet que si la prestation réalisée par Primus eût engendré à son profit une obligation réciproque, il eût été, comme tout créancier, chargé des risques de l'objet de sa créance, et que par suite, il n'eût pu recourir à la *condictio causâ datâ causâ non secutâ* pour faire supporter définitivement à Secundus la perte de Stichus.

Cela posé, la doctrine de Celsus se dégage tout entière et peut se formuler en deux propositions :

1° L'exécution unilatérale du pacte d'échange ne donne naissance à aucun lien contractuel et impose simplement par raison d'équité à celle des parties qui a reçu la dation accomplie une obligation éventuelle de restitution garantie par la *condictio causâ datâ causâ non secutâ*, et même dans certains cas par l'action *de dolo*.

2° L'exécution bilatérale du pacte d'échange constitue seule un contrat innommé et procure ainsi aux deux parties le bénéfice de l'action *præscriptis verbis.*

Reproduction fidèle des idées arriérées du vieux droit, la doctrine de Celsus eut du moins l'avantage, en provoquant la célèbre déclaration d'Ariston, que nous avons déjà eu l'occasion de mentionner, de faire bientôt reconnaître universellement à l'échange le caractère contractuel qu'elle prétendait précisément lui refuser.

C'était là un grand pas, mais il restait à classer ce contrat nouveau, et ce n'est pas non plus sans peine que l'on y réussit.

L'échange, à ne consulter que ses origines historiques, n'est autre chose qu'une vente. Il était donc naturel, étant donnée la théorie générale des Sabiniens sur les contrats innommés, que les adeptes de cette école cherchassent à identifier au point de vue juridique deux conventions aussi voisines.

C'est ce qui ne manqua pas de se produire et conduisit les Sabiniens à un système d'assimilation parfaite entraînant avec lui les conséquences suivantes :

1° Dans l'échange comme dans la vente, non seulement les deux parties ont à la fois des noms distincts et des obligations dissemblables, mais encore les deux objets du contrat sont désignés par des expressions différentes. Les deux opérations comportent par conséquent un vendeur et un acheteur, une *merx* et un *pretium*, et dans l'une comme dans l'autre, l'acheteur, obligé de réaliser la dation du *pretium*, ne peut exiger en retour que la *vacua possessio* de la *merx*.

2° Pas plus que la vente, l'échange n'est valablement contracté, si le *pretium* a été livré par un acheteur qui n'en était pas propriétaire. La convention ne peut au contraire être attaquée sous le prétexte que la *merx* n'appartenait pas au vendeur qui en a fait tradition.

3° Comme la vente, l'échange est un contrat consensuel.

4° Pas plus dans l'échange que dans la vente, la *condictio ob rem* n'est accordée à celle des parties qui a seule exécuté la convention intervenue, car ce n'est pas pour donner naissance au contrat qu'elle a fourni la prestation promise, mais simplement pour s'acquitter de la dette qui lui incombait depuis le moment où l'accord des volontés s'était définitivement établi.

5° De même que la vente, l'échange est sanctionné par les actions *empti* et *venditi*.

Le système que nous venons d'exposer appelle à la fois l'éloge et la critique, car si le fait d'avoir considéré l'échange comme un contrat consensuel et d'avoir admis sans hésitation les conséquences de ce principe semble révéler chez les Sabiniens des tendances progressistes assez peu conformes à l'esprit général de leur enseignement, on ne saurait méconnaître que leur doctrine, appliquant arbitrairement des noms distincts aux deux échangistes aussi bien qu'aux deux objets du contrat, conduisait fatalement à une confusion inévitable entre le rôle de l'acheteur et celui du vendeur, entre la *merx* et le *pretium*, entre l'action *empti* et l'action *venditi*.

Timidement confessé par Gaïus (*Comm.* III, 14) dans le langage respectueux d'un disciple forcé de désavouer ses maîtres, ce vice capital de la doctrine Sabinienne n'est pas, d'ailleurs, le seul qu'on lui pût reprocher. Elle présentait encore l'inconvénient grave d'aboutir à méconnaître la véritable intention des parties. Car, si l'on s'explique aisément que, dans la vente, l'acheteur puisse se contenter de recevoir la *vacua possessio* de la *merx*, tandis que le vendeur ne saurait, sans devenir propriétaire, tirer aucune utilité du *pretium*, on ne se rend plus compte aussi facilement dans l'hypothèse d'un échange, que l'une des parties puisse, en transférant la propriété de sa chose, ne viser en retour que l'acquisition de la *vacua possessio* de l'objet à elle promis par son cocontractant.

La doctrine Sabinienne était donc aussi rebelle aux exigences de la pratique qu'impropre à assurer le respect de la volonté des parties.

Aussi ne saurait-on s'étonner que la théorie générale des Proculiens sur les contrats innommés ait de bonne heure triomphé dans l'échange et que l'action *præscriptis verbis* ait été, dès le règne de Trajan, admise à concourir en cette matière avec la *condictio ob rem dati*.

Toutefois, en dépit de sa supériorité sur les deux systèmes que nous avons précédemment étudiés, la doctrine Proculienne ne l'emporta pas d'une manière absolue sur ses rivales, et c'est à Cœlius Sabinus, jurisconsulte sabinien qu'il ne faut pas confondre avec le chef de l'école de ce nom, que doit être attribué l'honneur d'avoir fixé définitivement la législation romaine sur le contrat d'échange.

Sorte de compromis entre les théories diamétralement opposées des Sabiniens et des Proculiens, le système de Cœlius Sabinus ne s'écartait guere en réalité de la doctrine de ces derniers que sur un point peu important, et son unique innovation consistait à regarder comme une vente tout échange dans lequel l'un des objets du contrat avait été *venalis*, c'est-à-dire mis en vente, de telle sorte que la chose donnée en retour pût être considérée comme tenant lieu de prix (Gaius, *Comm.* III, 141).

Ce système établissant, nous le reconnaissons, entre la *merx* et le *pretium*, une distinction suffisante pour éviter toute confusion, échappe par là même à la critique principale que nous avons dû faire à la doctrine sabinienne, mais il n'en reste pas moins, lui aussi, passible du reproche d'aboutir trop souvent à méconnaître la véritable intention des parties, la volonté d'acquérir simplement en retour de la translation de propriété d'un fonds la *vacua possessio* d'un autre fonds ne devant évidemment se rencontrer que bien rarement chez l'auteur de la dation accomplie.

Quoi qu'il en soit des inconvénients du système de Cœlius Sabinus, nous le voyons implicitement consacré dans une constitution de Gordien et revêtu d'une sanction définitive par l'insertion de ce texte au Code Justinien (L. 1. *De rerum permut.* C. IV, 64), et nous pouvons en conséquence, pour résumer en quelques mots les pages qui précèdent, rappeler une dernière fois les quatre grands systèmes que nous venons de passer en revue :

1° Le système de Celsus qui se refusait à voir un contrat dans l'échange ;

2° Le système sabinien qui, l'identifiant à un contrat nommé depuis longtemps reconnu par le droit civil, n'en faisait autre chose qu'une espèce particulière de la vente ;

3° Le système proculien, qui, lui reconnaissant une personnalité propre et indépendante, lui accordait le caractère et les prérogatives d'un contrat innommé ;

4° Enfin, le système de Cœlius Sabinus, qui n'apportait au précédent qu'une modification d'une importance secondaire.

Aussi différents dans leurs principes que dans leurs conclusions, ces divers systèmes ne nous permettent pourtant, ni les uns ni les autres, d'établir encore la moindre distinction entre l'échange et le *negotium do ut des*.

C'est à marquer entre ces deux opérations une ligne de démarcation bien nette que nous allons nous attacher, la confusion que nous avions provisoirement admise entre elles jusqu'à présent ne pouvant subsister plus longtemps sans inconvénients.

De même que les contrats innommés se divisent en quatre grandes catégories, de même aussi le *negotium do ut des* affecte nécessairement l'une des quatre formes suivantes :

1° *Do pecuniam ut des pecuniam;*

2° *Do rem ut des pecuniam;*

3° *Do pecuniam ut rem des;*

4° *Do rem ut rem des.*

De ces quatre hypothèses, les deux premières, rentrant évidemment l'une dans le *mutuum* et l'autre dans la vente, doivent être tout d'abord écartées; la quatrième, au contraire, nous fournira bientôt matière à d'amples développements; la troisième enfin doit attirer tout d'abord notre attention, en raison même de l'incertitude qui a longtemps plané sur la nature du contrat qu'elle implique.

Faut-il y voir un échange? faut-il y voir une vente? Telle est la question que résolvent en sens contraire deux jurisconsultes célèbres. Lisons d'abord Celsus: *Dedi tibi pecuniam ut Stichum dares... Utrùm id contractûs genus pro portione emptionis et venditionis est, an nulla sit alia obligatio quam ob rem dati re non secutâ? In quod proclivior sum* (L. 16, *De condict. causâ datâ.* D. XII, 4). Déclaration timide, mais pourtant positive en faveur de l'échange, et à laquelle Paul vient aussitôt opposer une solution non moins nette en faveur de la vente: *Et si quidem pecuniam dem ut rem accipiam, emptio et venditio est* (L. 5 § 1. *De præscr. verbis.* D. XIX, 5).

Comment s'expliquer maintenant que, dans une convention réunissant à la fois les deux éléments essentiels de la vente, le *pretium* et la *merx*, un jurisconsulte aussi distingué que Celsus ait pu voir un échange?

On a dit, il est vrai, que la double translation de propriété admise dans l'espèce que nous examinons la rattachait nécessairement à l'échange, parce que la vente, bien loin d'impliquer une dation réciproque, n'imposait au vendeur que l'obligation de transmettre à l'acheteur la *vacua possessio* de la chose vendue. Mais cette explication, qui consiste à poser gratuitement l'exception en règle générale, ne nous satisfait pas, et nous avons peine à croire que Celsus ait pu fonder sa doctrine sur les cas relativement très-rares, où le vendeur livrant de bonne foi la chose d'autrui, ne se trouve pas obligé d'en transférer la propriété à l'acheteur.

On a dit également que, là où Paul considère l'argent comme une quantité, Celsus ne voit au contraire en lui qu'un *corpus*. Cette supposition est, nous le reconnaissons, d'autant plus séduisante que, non contente d'amnistier Celsus de tout reproche, elle a en outre le mérite de faire disparaître la contradiction que nous avons relevée entre les deux textes. Mais les termes identiques employés par les deux jurisconsultes « *certam pecuniam* » rendent cette hypothèse bien improbable, et s'il fallait absolument arriver à concilier ces lois inconciliables, nous préférerions donner à la fois raison à Celsus et à Paul, en considérant dans la loi 16 les mots « *dedi... ut dares* » comme le criterium d'un échange, tandis que, dans la loi 5, l'expression « *ut rem accipiam* » indiquerait chez l'un des contractants l'intention d'obtenir simplement la *vacua possessio* de la chose et impliquerait ainsi l'hypothèse d'une vente. Malheureusement cette dernière interprétation n'est guère plus plausible que les précédentes et tombe d'elle-même à la lecture de la dernière ligne du § 1 de la loi 5, où Paul, résumant ses explications par ces mots « *Explicitus est articulus ille do ut des* », montre clairement qu'il a envisagé aussi bien que Celsus l'hypothèse d'une double translation de propriété.

Nous laisserons donc subsister entre les deux textes une antinomie suffisamment explicable par la fréquence des dissentiments des jurisconsultes sur la matière des contrats innommés, et abandonnant dès à présent l'hypothèse *do pecuniam ut rem des*, où nous ne voulons voir avec Paul qu'une véritable vente, nous aborderons enfin l'étude du *negotium do rem ut rem des.*

C'est dans ce *negotium*, nous croyons l'avoir suffisamment démontré, que rentrera toujours l'échange, mais conclure immédiatement de la similitude de ces deux actes à leur identité serait pour le moins téméraire, et nous allons même voir établir entre eux une distinction très-nette par deux jurisconsultes modernes, le président Favre et le professeur Glück, qui, reproduisant à peu de chose près le système arriéré de Celsus, ont su le développer avec art, en faisant violence pour les besoins de leur cause aux textes du Digeste.

Le principal argument du système que nous analysons repose sur une transposition purement gratuite de divers fragments de la loi 1 *De rerum permut.* (D. XIX, 4), transposition grâce à laquelle Paul semble établir d'une manière générale, dans le § 4, que la dation faite par l'une des parties n'engendre pas à son profit, en cas d'inaccomplissement de la prestation réciproque, l'action *præscriptis verbis*, mais simplement la *condictio ob rem dati.* Se refusant dès lors à reconnaître que l'exécution unilatérale du pacte d'échange donne naissance au contrat de ce nom, le président Favre prétend voir dans cette opération tantôt un préliminaire du contrat d'échange et tantôt un acte juridique parfaitement distinct, selon que l'auteur de la dation effectuée néglige ou non en la réalisant de réserver expressément à son profit l'accomplissement de la prestation réciproque.

Au premier cas, il n'y a qu'une translation de propriété pure et simple, qui, sans engendrer aucun lien contractuel, oblige celui qui l'a reçue, non pas à une dation réciproque, mais uniquement à une restitution commandée par l'équité : c'est l'hypothèse que prévoit au § 4 de la loi 1, le jurisconsulte Paul, lorsqu'il n'accorde à la partie lésée d'autre recours que la *condictio*.

Au second cas, il y a un contrat véritable, procurant à l'auteur de la dation réalisée le bénéfice de l'action *præscriptis verbis* ou de la *condictio ob rem dati*, selon qu'il préfère poursuivre l'exécution de la convention ou recouvrer la propriété de sa chose : c'est le contrat *do ut des*.

Quant au contrat d'échange, aussi différent du précédent dans ses éléments que dans ses résultats, il ne se forme que par l'exécution bilatérale du *placitum permutationis*, et confère aux deux parties sans distinction l'exercice des deux moyens judiciaires réservés dans le contrat *do ut des* à l'auteur seul de la dation réalisée.

Enfin, par une dernière différence, l'échange suppose toujours un *placitum permutationis*, tandis que le *do ut des* n'implique aucunement cette convention.

Ce système ne manque assurément ni de méthode ni d'originalité, mais outre qu'il s'appuie tout entier sur une mutilation injustifiable des textes, il est encore aussi illogique qu'arbitraire.

Il est exact, nous le confessons volontiers, que dans le § 4 de la loi 1 Paul refuse toute autre action que la *condictio ob rem dati* à l'auteur d'une tradition non suivie de dation réciproque, mais cette décision faisant immédiatement suite au § 3 qui proclame la nullité de l'opération effectuée par la tradition de la chose d'autrui, ne s'appliquait évidemment dans la pensée du jurisconsulte romain qu'à pareille hypothèse, et c'est en transportant arbitrairement le § 3 entre le *principium* et le § 1 que le président Favre est arrivé à donner un sens absolument général à la solution proposée par Paul pour une espèce particulière.

Cette remarque suffirait sans doute à faire tomber tout le système que nous combattons, mais quand bien même on en ferait totalement abstraction, admettra-t-on un seul instant que l'exécution unilatérale du pacte d'échange par l'une des parties puisse jamais être considérée par l'autre comme une dation pure et simple et, à ce titre, exclusivement sanctionnée par la *condictio ob rem dati?* Soutiendra-t-on enfin que le *do ut des* n'implique pas, tout comme l'échange, un pacte antérieur ou concomitant, alors que la loi 5, § 1, *De præscriptis verbis*, au Digeste, qualifie textuellement de *rerum permu-*

tatio une opération juridique dans laquelle l'une des parties « *rem dat ut rem accipiat* ».

Aussi bien, la force de ce dernier argument est telle que Cujas et Doneau n'ont pas hésité à fonder sur ses termes un système directement opposé à la doctrine du président Favre et ne faisant plus qu'un seul et même acte de l'échange et du *negotium do rem ut rem des.*

Toutefois, si étroite que soit la parenté juridique de ces deux contrats, une différence les sépare qui va nous permettre de les classer, sans les confondre, l'un à côté de l'autre.

L'échange en effet implique essentiellement translation de la propriété d'une chose en vue de la dation réciproque d'une autre chose. Dans le contrat *do rem ut rem des*, au contraire, il n'est pas difficile de découvrir des cas où les prestations imposées aux deux contractants se réfèrent l'une et l'autre à un seul et même objet. C'est ce qui arrive notamment dans le cas d'une constitution de dot faite sous condition de restitution lors de la dissolution du mariage, dans l'hypothèse d'une vente à réméré, ou plus généralement encore dans le cas de vente sous condition résolutoire.

Ainsi, l'échange, et c'est ici seulement que sa filiation juridique nous apparaît tout entière, bien loin de se confondre absolument avec le *negotium do rem ut rem des*, ne s'y rattache en réalité que comme l'espèce au genre et par des liens de tous points analogues à ceux qui, reliant le *do rem ut rem des* à l'hypothèse plus générale du *do ut des*, rattachent également le *do ut des* lui-même aux contrats innommés.

CHAPITRE I

DE LA FORMATION DU CONTRAT D'ÉCHANGE.

I. Caractères et définition. — II. Eléments constitutifs. — III. Conditions de validité.

I

L'échange est un contrat innommé, telle est la conclusion de notre précédent chapitre, tel est le premier caractère qui nous frappe dans l'opération juridique que nous étudions.

Sans doute, il peut sembler étrange que la doctrine ait rangé dans la catégorie des contrats innommés un acte auquel elle applique à tout instan l'appellation spéciale de « *rerum permutatio,* » mais c'est là un fait formellement établi par les textes et dont la justification est loin d'être impossible.

Et d'abord, disons-nous, le doute n'est pas permis sur l'existence de cette anomalie apparente. C'est ce que vont nous prouver trois textes du Digeste.

Ulpien, après nous avoir dit dans la loi 7 *De pactis* (D. II, 14) que les conventions auxquelles le droit civil attache une action « *transeunt in proprium nomen contractus* », exclut positivement de la catégorie des contrats nommés le *do ut des* et l'échange, lorsqu'il ajoute : « *Sed si in alium contractum res non transeat... utputa dedi tibi rem ut mihi aliam dares.* »

Paul n'est pas moins explicite quand il déclare dans la loi 1, § 2, *De rerum permutatione* (D. XIX, 4) ne pouvoir étendre à l'échange une certaine règle de la vente par le motif que ce précepte est exclusivement applicable aux contrats nommés.

Enfin, la loi 7, *De præscriptis verbis* (D. XIX, 5) fournit une dernière preuve à l'appui de notre allégation, en disant que, pour les contrats parmi lesquels nous avons fait rentrer l'échange, « *appellationes nullæ jure civili proditæ sunt* ».

Le fait une fois démontré, il reste à l'expliquer, et il nous suffira de rappeler à cet effet que l'échange n'est par lui-même, au point de vue juridique, qu'une simple espèce du *negotium do ut des* et que cette dernière opération est bien incontestablement un contrat innommé : « *Ita recte dicemus negotium do ut des carere nomine, licet permutatio appelletur.* » (Cujas, sur le livre XIX, titre 4, *De rerum permutatione.*)

Indépendamment de ce premier caractère, l'échange en présente encore quatre autres des plus intéressants :

1° C'est un contrat réel : « *Permutatio ex re traditâ*

initium obligationi præbet », dit la loi 1, § 2. (*De rerum permut.* D. XIX, 4), doctrine qui se trouve reproduite sous une autre forme par la loi 3, au Code (*De rerum permut. et præscr. verbis.* IV, 64), et qui autorise pleinement notre manière de voir, puisqu'au point de vue de la formation d'un lien contractuel, la *res*, à ne considérer que l'acception véritable du mot, consiste toujours invariablement en une tradition.

2° L'échange est un contrat synallagmatique.

A cette proposition, on a opposé non sans quelque apparence de raison les paroles que nous citions tout à l'heure : « *Permutatio ex re traditâ initium obligationi præbet,* » d'où il semble bien résulter que la première dation, en libérant son auteur de la dette naturelle issue pour lui du pacte, ne crée d'obligation civile qu'à l'autre partie et n'engendre en conséquence qu'un contrat unilatéral.

Nous admettrions volontiers cette solution, si les obligations des parties se bornaient nécessairement à une translation de propriété. Mais telle n'est pas la réalité, car, en supposant même que les deux dations aient été accomplies, chacun des échangistes reste encore civilement obligé à garantir son cocontractant contre toute éviction ou contre certains vices cachés de la chose livrée.

L'échange est donc bien un contrat synallagmatique, et c'est dès lors avec raison qu'Ulpien lui applique dans la loi 7, § 2, *De pactis* (D. II, 14), le nom de συναλλαγμα; mais est-il synallagmatique parfait ou imparfait, c'est là une nouvelle question très-délicate que l'on a essayé de résoudre dans le sens de son premier terme par l'argumentation suivante :

L'échange, a-t-on dit, est un contrat réel. Or, des quatre contrats réels, auxquels le droit civil reconnait un nom, l'un, le *mutuum*, est unilatéral, tandis que les trois autres, le commodat, le dépôt et le gage sont tous synallagmatiques imparfaits. On semble donc pouvoir en induire que l'échange l'est aussi, conclusion qui se trouve d'ailleurs confirmée par une autre considération encore plus sérieuse. Si l'on se place, en effet, immédiatement après l'accomplissement de la première dation, son auteur apparait libéré de toute obligation, et s'il vient à être actionné dans la suite à raison d'un vice de la chose ou d'une éviction, on est fondé à soutenir que les obligations ainsi invoquées contre lui, loin d'avoir pris naissance en même temps que le contrat, dérivent uniquement d'un fait postérieur, à savoir de l'éviction ou de la découverte du fait incriminé, ce qui attribuerait précisément à l'échange le caractère distinctif des contrats synallagmatiques imparfaits.

Des deux arguments qui servent de base à ce système, le premier n'offre, à vrai dire, aucune valeur, car si rien n'empêche d'assimiler jusqu'à un certain point l'échange au commodat, au gage ou au dépôt, on peut *à fortiori* le rapprocher de la vente, puisque les obligations de garantie du vendeur et des copermutants ont précisément la même étendue, et attribuer en conséquence à la *rerum permutatio* le caractère synallagmatique parfait que nul ne conteste à l'*emptio-venditio*.

Quant au second argument de nos adversaires, il ne nous touche pas plus que le premier, car, contrairement à ses conclusions, les obligations de garantie des copermutants prennent parfaitement naissance en même temps que le contrat, puisque les vices cachés de la chose et la cause de l'éviction existaient déjà par hypothèse à l'époque de la formation de l'échange : c'est donc en réalité l'action de garantie seule, qui tire son origine d'un fait postérieur au contrat.

Cela posé, le caractère synallagmatique parfait de la *rerum permutatio* ne faisant plus doute à nos yeux, nous pouvons envisager ce contrat sous un nouvel aspect et formuler la proposition suivante :

3° L'échange est un contrat à titre onéreux, car il intervient généralement entre parties dépourvues l'une envers l'autre de toute idée de libéralité et mues respectivement par le désir unique d'obtenir en retour de ce qu'elles donnent un avantage réciproque; et de plus, il est naturellement commutatif, les prestations imposées aux deux parties représentant presque toujours des valeurs équivalentes et non aléatoires.

4° Enfin, l'échange est, comme tous les contrats

innommés, un contrat de bonne foi. C'est là une simple conséquence du principe d'équité qui conduisit le législateur romain à transformer par l'attribution d'une sanction civile cet acte trop longtemps dépourvu de toute valeur légale en une opération juridique, que nous croyons pouvoir maintenant définir en ces termes : L'échange est un contrat innommé, réel, synallagmatique, à titre onéreux, commutatif et de bonne foi, par lequel chacune des parties transfère à l'autre, en exécution d'un pacte antérieur ou concomitant, la propriété d'une chose afin d'en obtenir en retour la dation d'une autre chose.

II

Telle quelle, cette définition implique pour la formation de l'échange la nécessité du concours des deux éléments que nous avons proclamés essentiels à l'existence de tout contrat innommé : le pacte et le fait d'exécution.

On a cependant prétendu que l'échange pouvait prendre naissance indépendamment de tout pacte antérieur ou concomitant, mais, d'une part, il est bien difficile d'admettre qu'une personne dépourvue de toute idée de libéralité puisse opérer dans de telles conditions une dation impuissante à lui procurer en retour le bénéfice d'aucune créance civile ou naturelle, et d'autre part, si le fait seul de l'acceptation de la chose peut à la rigueur suffire à créer des liens contractuels entre les parties, c'est uniquement parce qu'il n'est lui-même autre chose qu'une adhésion manifeste à un pacte tacite.

Nous considérerons donc comme un élément essentiel du contrat d'échange le *placitum permutationis*, et nous nous demanderons maintenant si ce pacte, incapable, comme toutes les conventions analogues, de donner naissance à une obligation civile, n'engendre pas du moins des obligations naturelles.

La négative a été soutenue par de forts bons esprits, mais cette doctrine ne nous satisfait pas et nous ne pouvons que la combattre.

Le premier argument sur lequel elle s'appuie est tiré d'un texte célèbre d'Ulpien, aux termes duquel « *Nuda pactio obligationem non parit, sed parit exceptionem.* » (L. 7, § 4. *De pactis.* D. II, 14.)

A ne considérer que les termes absolus de cette déclaration, elle trancherait en effet la question contre nous : mais si, sacrifiant la lettre de la loi à l'esprit général de ses dispositions, on se rappelle qu'aux exceptions les Romains opposent sans cesse les actions et non les obligations ; si l'on remarque en outre que ce parallèle se retrouve notamment jusque dans le *principium* de la loi 7, on n'hésite plus à refuser toute valeur à l'argument que nous examinons, et à interpréter largement la pensée d'Ulpien en traduisant ses paroles de la manière suivante : le pacte nu ne produit pas d'obligation sanctionnée par une action, mais il engendre une exception.

Un autre texte du même jurisconsulte, la loi 1, § 2, *De verborum obligationibus* (D. XLV, 1) est également invoqué par nos adversaires.

Supposant que l'interrogation d'un stipulant n'a provoqué pour toute réponse qu'un simple signe de tête affirmatif, Ulpien déclare ne voir là qu'un fait incapable de produire aucune obligation civile ou naturelle. D'un autre côté, dit-on, comme ce jurisconsulte reconnait lui-même dans ses Règles que le consentement peut s'exprimer par un simple signe, il en résulte que, dans l'hypothèse de la loi 1, on rencontre précisément l'accord de volontés dont l'existence suffit à constituer un pacte. Or, Ulpien, refuse en l'espèce d'admettre la formation d'aucune obligation naturelle. Donc les pactes nus sont impuissants à produire de tels effets.

Quelque spécieux qu'il puisse être, cet argument ne nous touche pas plus que le premier, et il nous est facile de concilier les deux propositions d'Ulpien sans en tirer la conclusion qu'on nous oppose.

Oui, la loi 1, *De verborum obligationibus*, déclare que l'on peut par un simple signe de tête laisser un fidéicommis, mais ce n'est là qu'une solution d'espèce et non l'exposition d'une règle générale. Et, en effet, si l'on comprend fort bien que dans une matière toujours soumise en cas de litige à la procédure de la *cognitio extraordinaria*, Ulpien laissât au magistrat une certaine latitude d'appréciation, en lui permettant d'attacher au dernier signe d'un mourant, déjà privé peut-être de l'usage de la parole, toute la valeur d'une manifestation verbale de la volonté, on s'explique non moins aisément que dans tout autre cas et notamment dans l'hypothèse d'une stipulation prévue par la loi 1, § 2, *De verborum obligationibus*, la crainte d'interpréter faussement un signe de tête, auquel son auteur eût pu si facilement substituer une adhésion verbale, suffit à faire considérer comme nulle et non avenue cette réponse pour le moins ambiguë, et que ce résultat, en mettant naturellement obstacle à la formation du pacte, empêchât par là même la création de toute obligation naturelle.

On ne saurait donc admettre la conclusion tirée du rapprochement des deux textes d'Ulpien par les partisans du système que nous combattons, et nous pouvons passer immédiatement à l'examen d'un troisième et dernier argument qu'ils puisent dans la combinaison de deux textes du Digeste.

D'une part, d'après Papinien (L. 95, § 4, *De solutionibus*, D. XLVI, 3), un pacte nu suffit à éteindre *ipso jure* une obligation naturelle et à libérer de plein droit le fidéjusseur qui s'en serait porté garant.

D'autre part, dans la loi 27, § 2, *De pactis* (D. II, 14), Paul, supposant qu'à la suite d'un pacte *de non petendo* il est intervenu un second pacte en sens contraire, déclare que le demandeur ne pourra écarter que par une réplique l'exception qui lui serait opposée par le défendeur en vertu du premier *placitum ne peteret*. Mais, dit-on, si ce premier pacte avait produit à la charge du créancier une obligation naturelle de ne pas réclamer le montant de son dû, le pacte *ut peteret* l'aurait nécessairement éteinte *ipso jure*, conformément au fragment de Papinien, et par suite la nécessité d'une réplique ne se comprendrait plus. Or, elle est formellement établie par le texte de Paul. Donc :

1° Le *placitum de non petendo* n'avait produit en l'espèce aucune obligation naturelle ;

2° Tous les pactes nus sont également impuissants à engendrer de tels effets.

De ces deux conclusions, la première seule est exacte, et la seconde inadmissible. Nul n'ignore, en effet, qu'il existe, en droit naturel tout comme en droit civil, deux catégories d'opérations juridiques bien distinctes : les unes productives et les autres extinctives d'obligations. Rien d'étonnant, dès lors, à ce que, dans notre espèce, le pacte *de non petendo* ait pour unique effet d'éteindre la dette préexistante, sans produire, en sens inverse, à la charge du créancier qui consent la remise, une obligation naturelle purement négative. La seule conclusion que l'on puisse tirer de ce fait, c'est que le *placitum de non petendo* appartient à la catégorie des pactes extinctifs d'obligation : vérité incontestable, absolument étrangère au débat, et totalement incapable d'autoriser nos adversaires à poser en principe l'impuissance des pactes nus à engendrer des obligations naturelles.

Nous pourrions donc dès maintenant considérer la question comme tranchée dans le sens de notre opinion, si la connexité qu'établit entre les obligations naturelles et les pactes, entre ces deux produits de l'*æquitas* et de la *fides*, la communauté même de leur principe générateur ne militait encore assez puissamment en faveur de notre thèse pour nous permettre de la fonder directement sur un seul texte d'Ulpien (L. 16, § 4, *De fidejussoribus*. D. XLVI, 1), où ce jurisconsulte, tout en refusant au pacte relatif à une dette d'intérêts la consécration d'une action civile, lui reconnait du moins la force de produire une obligation naturelle, puis qu'il nous dit : « *Quædam ex pacto naturaliter debebantur* ».

On a bien tenté de restreindre la portée de la décision doctrinale d'Ulpien, en affirmant que le rescrit des empereurs Sévère et Antonin, où elle se trouve consacrée, entendait l'appliquer exclusivement au contrat de prêt d'argent, dans lequel l'obligation naturelle de l'emprunteur à payer des intérêts se justifie suffisamment par le profit qu'il retire du *mutuum*.

Mais, comme le dit fort bien M. Machelard, dans son *Traité des Obligations naturelles*, « cette interpré-

» lation est repoussée par les termes mêmes du » texte, qui rattachent directement l'obligation au » pacte : « *Quædam ex pacto naturaliter debebantur* », et » qui repoussent la *condictio indebiti*, à raison de ce » qu'il n'y a eu autre chose que l'exécution d'une » convention : « *Ex pacti conventione datæ repeti non* » *possunt.* »

» Les mêmes considérations font tomber l'argu- » ment que l'on a voulu tirer de l'émission d'un » rescrit pour cette hypothèse. Les empereurs Sé- » vère et Antonin n'ont pas entendu, évidemment, » établir une règle spéciale pour le *mutuum;* ils » indiquent quelle est la source de l'obligation na- » turelle, et ils la placent formellement dans cette » circonstance qu'il est intervenu un pacte. Leur » décision n'est donc que l'application, à une es- » pèce particulière, de la doctrine générale procla- » mée par la jurisprudence romaine sur la valeur » des simples pactes : « *Nuda pactio parit exceptio-* » *nem.* »

Dès lors, le texte d'Ulpien conserve toute son autorité, et nous pouvons enfin conclure, en disant que, si le simple pacte ne suffisait pas à engendrer une action civile, il était du moins susceptible de produire une obligation naturelle.

Cela posé, une nouvelle difficulté se présente : car si le principe que nous venons d'établir est exact, comment comprendre que l'auteur d'une dation accomplie en vertu d'un pacte d'échange puisse, en cas d'inexécution de la prestation réciproque, intenter la *condictio ob rem dati* sans violer la règle incontestée aux termes de laquelle : « *ex pacti conventione datæ repeti non possunt* » ?

Une première solution a été proposée par certains auteurs qui, ne voulant voir dans le *placitum permutationis* qu'un élément purement naturel, voire même accidentel du contrat d'échange, se sont ainsi trouvés amenés à poser le dilemme suivant :

De deux choses l'une, ont-ils dit : ou bien la première dation a été réalisée spontanément en dehors de toute convention, et l'auteur de la prestation accomplie peut dès lors intenter, le cas échéant, soit l'action *præscriptis verbis*, soit même la *condictio ob rem dati* (L. 1, § 4. *De rerum permutatione*. D. XIX, 4) ; ou bien au contraire le fait d'exécution a été accompagné d'un pacte antérieur ou concomitant, auquel cas le principe qui interdit la répétition du paiement effectué en exécution d'une obligation naturelle ne laisse plus à la partie lésée d'autre recours que l'action *præscriptis verbis*.

Ce système, si ingénieux qu'il puisse être, a contre lui trois arguments qui le condamnent :

1° Il est basé sur une négation absolument gratuite de la nécessité de l'existence d'un pacte dans la formation du contrat d'échange ;

2° Il offre peu de vraisemblance, puisque le premier terme de son dilemme implique une translation de propriété accomplie en dehors de toute convention préalable et de toute idée de libéralité ;

3° Il est en opposition formelle avec les textes, puisque dans l'hypothèse même du second terme de son dilemme, la loi 4, au Code, *De rerum permutatione* (IV, 64), accorde très-nettement la *condictio causâ datâ causâ non secutâ*.

Nous ne saurions donc adopter ce premier système, et passerons de suite à l'examen d'un autre.

Aux yeux de ses partisans, il est incontestable que le *placitum permutationis* est un élément essentiel du contrat d'échange et que le paiement effectué en vertu d'une dette naturelle ne saurait faire l'objet d'une répétition; mais, ce qu'ils ne veulent pas admettre, c'est qu'il y ait dans notre hypothèse un paiement véritable, l'auteur de la première dation n'agissant pas évidemment dans l'intention de se libérer d'une obligation naturelle, mais uniquement en vue d'acquérir une créance. Dès lors le concours du pacte d'échange et de la *condictio ob rem dati* s'expliquerait sans difficulté.

Malheureusement, la subtilité de ce système ne lui fait pas trouver grâce devant nous, car quelle que soit l'intention présumée de la partie qui opère la première dation, il n'en est pas moins certain que si, de ce fait, elle donne incontestablement naissance au contrat d'échange, elle se libère en même temps de l'obligation naturelle que lui avait imposée le pacte et ne l'éteint en réalité que par le paiement de sa dette.

La difficulté subsiste donc tout entière, et nous

n'en trouverons la solution qu'en serrant de plus près encore l'intention des parties.

Quel est, dirons nous, le but qu'elles poursuivent dans le pacte, si ce n'est de s'engager naturellement et réciproquement à une dation conditionnelle ? Mais alors, lorsque l'un des contractants exécute le pacte, ne devient-il pas évident qu'il n'agit que pour faire arriver la condition suspensive de l'obligation de son cocontractant ? Si donc ce dernier ne peut ou ne veut l'accomplir, comment pourrait-on refuser à l'auteur de la dation réalisée le droit de répéter sa chose, alors que la condition suspensive de son obligation naturelle ayant fait défaut, il a donné sans cause ?

Cette explication, entièrement conforme aux principes juridiques, résolvant d'une manière satisfaisante la dernière des questions que nous avions posées sur le pacte d'échange, nous allons maintenant examiner le second élément constitutif de la *rerum permutatio*, le fait d'exécution.

Ce fait, dont la nature nous a déjà été révélée par l'expression *do ut des* qui réussit mieux que toute autre à caractériser l'échange, devait nécessairement consister dans la rigueur du droit civil en une translation de la propriété quiritaire de la chose livrée. Mais il est à peu près constant que le préteur n'exerça pas sans succès en cette matière son action libérale, et qu'il finit par assimiler pratiquement à la dation certains actes plus ou moins analogues, tels que la constitution d'une servitude prédiale ou personnelle (L. 3, *Princip. De usufructu*, D. VII, 1), et probablement même la tradition des fonds provinciaux. (M. Accarias, *Théorie des contrats innommés.*)

Aussi, grâce à cette largeur de vues, les seules conséquences que l'on puisse tirer de la nécessité d'une *datio* pour la formation du contrat d'échange se ramènent-elles aux deux propositions suivantes :

1° La tradition de la chose d'autrui n'est pas un fait d'exécution suffisant pour donner naissance à la *rerum permutatio*. « *Pedius ait alienam rem dantem nullam contrahere permutationem* » (L. 1, § 3, *De rerum permut.* D. XIX, 4). Donc, dirons-nous, pas d'action *præscriptis verbis* au profit du *tradens*, tant que l'usucapion ne sera pas venue transférer la propriété à l'*accipiens* et donner ainsi au contrat une existence certaine. La *condictio*, au contraire, devra, dans tous les cas, compéter au *tradens*, puisque n'ayant pas accompli l'obligation que lui avait créée le pacte, il ne peut être considéré comme répétant un paiement effectué en vertu d'une obligation naturelle.

Quant à l'hypothèse où l'*accipiens*, croyant avoir reçu la dation sur laquelle il comptait, aurait accompli en retour la translation de propriété qu'il avait promis d'effectuer, il va sans dire qu'ayant définitivement formé le contrat par l'exécution de son propre engagement, il aura le droit, s'il vient à découvrir son erreur, de recourir à l'action *præscriptis verbis* comme à la *condictio*.

2° La tradition faite *a domino* ne constitue valablement le contrat d'échange que si la chose a été transférée par le mode régulier d'aliénation dont elle est susceptible.

Si donc, antérieurement à Justinien, Primus opérait en vertu d'un pacte d'échange la *nuda traditio* d'une chose *mancipii* qui lui appartenait, il ne pouvait ni rendre Secundus propriétaire *ex jure Quiritium* ni conséquemment former le contrat, et ne transférait à son partenaire qu'un simple droit de propriété bonitaire garanti par l'action publicienne, et susceptible de procurer à son titulaire le bénéfice de l'usucapion.

Cet exemple précisant suffisamment le sens de notre seconde et dernière proposition, nous croyons avoir assez longuement étudié les deux éléments constitutifs ou conditions d'existence du contrat d'échange pour pouvoir dire maintenant quelques mots sur les conditions de validité qu'il devra réunir, tant au point de vue de la nature de l'objet que relativement à la capacité des parties.

III

En principe, toute chose, mobilière ou immobilière, corporelle ou incorporelle peut faire l'objet de l'échange ; en fait, cette règle n'est pas aussi absolue qu'elle paraît l'être et se trouve même sensiblement modifiée par les exceptions qu'elle comporte.

Et d'abord il est facile de comprendre qu'elle ne saurait s'appliquer aux choses que leur nature même ou quelque disposition légale place en dehors du commerce.

Tels un homme libre, un immeuble dotal, un bâtiment affecté à un service public, et même les objets sacrés, sauf réserve de certains cas particuliers où la législation de Justinien vint autoriser l'aliénation des meubles de cette espèce (*Nov.* 120, *Cap.* X, *Coll.* VI, t. 3 ; L. 21, C. *De sacrosanctis ecclesiis*, I, 2), et permettre, sous le contrôle de l'empereur, l'échange des biens immobiliers appartenant aux églises (*Nov.* 7, *Cap.* XVII).

En second lieu, la règle que nous avons posée ne s'étend pas davantage aux choses non susceptibles d'un droit de propriété véritable.

C'est ainsi que les droits purement personnels, et même les droits réels prétoriens, tels que l'hypothèque, l'emphytéose et la superficie, ne peuvent faire l'objet d'un échange, bien qu'ils figurent valablement à ce titre dans d'autres contrats innommés.

La même décision s'applique également à la *res aliena*, au sujet de laquelle nous avons eu déjà à nous expliquer, et une quatrième exception, relative à l'argent monnayé, doit résulter encore pour nous de la solution que nous avons donnée à la controverse entre Celsus et Paul, en refusant avec ce dernier de voir dans le *negotium do pecuniam ut rem des* autre chose qu'une vente.

Enfin, nous nous demanderons si les choses considérées *in genere*, les *aleæ* et les choses futures peuvent être échangées, et, reconnaissant avec la plupart des auteurs qu'elles figuraient valablement dans le *placitum permutationis*, nous établirons à l'égard du contrat lui-même la distinction suivante:

En ce qui concerne la première prestation, la chose fournie sera nécessairement actuelle, certaine et déterminée *in specie*, puisqu'autrement elle ne pourrait faire l'objet d'une dation et que par suite le contrat ne prendrait pas naissance. Quant à la prestation réciproque, son objet pourra fort bien être soit une quantité, soit une alea, soit une chose future, puisque sa nature ne compromet en rien l'existence du contrat et n'en modifie aucunement la sanction civile.

Aussi bien, la nature de l'objet de l'échange n'est pas la seule condition de validité de cette opération, et puisque ce contrat a pour but une double dation, chacune des parties doitencore être capable d'aliéner la chose qu'elle fournit.

A cet effet, la première condition nécessaire est d'être propriétaire, mais elle n'est pas toujours suffisante, et la législation y joignait encore d'autres exigences pour certaines personnes.

Ainsi, aux termes de la loi *Julia*, le mari, bien que propriétaire du fonds dotal, ne pouvait cependant l'aliéner sans le consentement de sa femme, sauf de rares exceptions, et Justinien vint bientôt étendre cette prohibition au cas même où les deux époux agiraient de concert.

De même aussi les personnes en tutelle ou en curatelle ne pouvaient valablement disposer de leurs biens, précepte qui nous amène, en prenant pour exemple la capacité du pupille, à distinguer trois hypothèses :

1° Le pupille a fait sans l'*auctoritas* de son tuteur la première tradition.

En pareil cas, le contrat d'échange ne saurait se former, et, privé par là même de l'action *præscriptis verbis*, le pupille n'aura d'autre ressource, en cas d'inexécution de la prestation réciproque, que d'intenter soit la revendication, soit l'action *ad exhibendum* pour recouvrer sa chose, selon que l'*accipiens* s'en trouvera encore nanti ou qu'il l'aura de mauvaise foi détruite ou consommée. Si c'est au contraire de bonne foi qu'il s'est mis hors d'état de la représenter, s'il l'a perdue par cas fortuit ou par force majeure, le pupille devra seul en principe supporter tous les risques, mais il pourra sans doute, comme en cas de *mutuum*, recourir à l'action du contrat pour en exiger l'exécution totale, puisqu'en réalité il se trouve avoir mis l'*accipiens* dans une condition identique à celle d'un propriétaire.

2° Le pupille a reçu sans l'*auctoritas* de son tuteur la première tradition.

Ici le contrat se forme sans difficulté, et le pupille devient évidemment propriétaire, puisqu'il a la capacité de rendre sa condition meilleure ; mais comme inversement il ne saurait légalement la rendre pire, il n'assume de ce fait aucune obligation et ne devient passible en aucun cas de l'action *præscriptis verbis*.

3° Les deux parties ont l'une et l'autre livré leur chose, et le pupille a, comme précédemment, agi sans l'*auctoritas* de son tuteur.

Dans cette dernière hypothèse, la combinaison des solutions présentées pour les deux premiers cas suffit à démontrer que le pupille sera toujours recevable à revendiquer sa chose, mais que, repoussé par l'exception de dol, il ne pourra échapper à une condamnation qu'en restituant avec l'*auctoritas* de son tuteur l'objet reçu ou le profit réalisé.

Application d'un principe de pur droit naturel, cette décision n'implique encore à la charge du pupille l'existence d'aucune dette contractuelle, et c'est seulement dans le chapitre suivant que nous allons voir apparaître, pour les analyser avec quelque détail, les obligations civiles dérivant de l'échange.

CHAPITRE II

DES EFFETS JURIDIQUES DE L'ÉCHANGE

I. Obligation de délivrer. — II. Obligation de transférer la propriété. — III. Obligation de garantie.

Les explications que nous avons données précédemment sur le caractère synallagmatique parfait de l'échange, nous permettent de poser dès à présent en principe que les effets civils de ce contrat se réduisent à la création de trois obligations principales, qui ont respectivement pour objet :

1° La délivrance de la chose;

2° La translation de la propriété ;

3° La garantie de l'éviction et des vices latents;

Et qui, sauf la dernière, se trouvent d'ailleurs, par le fait même de la formation du contrat, nécessairement accomplies dès ce moment pour l'auteur de la première dation.

Nous allons, sous le bénéfice de cette observation, les passer en revue dans l'ordre ci-dessus indiqué.

I

L'accomplissement de la première dation engendre, avons-nous dit, à la charge de l'*accipiens* l'obligation de délivrance : tel est le sens véritable de ces paroles que nous avons déjà eu plusieurs fois occasion de citer : « *Permutatio ex re traditâ initium obligationi præbet* ». Mais la portée de ce texte ne doit pas être exagérée, et deux observations importantes la restreindront sensiblement.

Première observation. — En supposant que l'opération ait pour but une double dation d'esclaves et que l'un d'eux soit déjà mort au moment où s'accomplit l'aliénation de l'autre, le contrat d'échange ne peut évidemment se former faute d'objet, et l'auteur de la dation accomplie, également impuissant à exiger la translation de propriété d'un esclave qui n'est plus et à se faire allouer des dommages-intérêts pour inexécution de la convention, ne conserve d'autre ressource que de se faire restituer par la *condictio ob rem dati* ce qu'il avait donné sans cause.

Deuxième observation. — En supposant que l'opération ait de nouveau pour but une double dation d'esclaves et que l'un d'eux vienne à mourir fortuitement ou par force majeure, non plus avant l'aliénation de l'autre mais postérieurement à cet acte, aucun obstacle ne s'oppose plus à la formation du contrat, mais l'obligation de délivrance se trouvant matériellement inexécutable, on est amené à se demander si la perte de l'esclave mort avant livraison doit être définitivement supportée par le propriétaire ou par le créancier.

Faut-il dire, en d'autres termes, que le propriétaire est libéré de sa dette par cela seul qu'il a perdu, sans avoir rien à se reprocher, l'esclave qui en faisait l'objet, ou faut-il au contraire soutenir que le créancier, ayant formé le contrat exclusivement en vue d'une dation restée inaccomplie, se trouve ainsi avoir exécuté une obligation nulle faute de cause et doit être dès lors autorisé à la méconnaître?

La première opinion, seule conforme aux principes généraux de la théorie des risques, est implicitement consacrée par un texte de Paul (L. 5, *De præscr. verbis*. D. XIX, 5), où ce jurisconsulte s'exprime ainsi qu'il suit : « *Si Scyphos tibi dedi, ut Stichum mihi dares, periculo meo Stichus erit, ac tu duntaxat culpam præstare debes.* » Mais la seconde manière de voir est non moins formellement adoptée par Celsus dans cette loi 16, au Digeste, *De condictione causâ datâ* (XII, 4), dont nous avons déjà eu à nous occuper à un autre point de vue, et qui contient notamment ces paroles : « *Si mortuus est Stichus, repetere possum quod ideò tibi dedi ut mihi Stichum dares.* » La contradiction est donc évidente entre les deux textes, et les systèmes que l'on a proposés pour la méconnaître ne sauraient nous convaincre.

D'après M. de Vangerow, les deux jurisconsultes statueraient sur des hypothèses différentes, Celsus supposant la dation de l'argent postérieure à la mort de Stichus, alors que, chez Paul, le décès de l'esclave n'interviendrait, au contraire, qu'après l'aliénation des coupes.

Mais la loi 16 repousse cette interprétation, puisqu'après avoir hésité à voir dans l'espèce prévue par ce texte une vente ou un échange et s'être prononcé en faveur de cette dernière opération, Celsus ajoute précisément à titre de conclusion les paroles ci-dessus rapportées et marque par là même une intention très-claire de relever une différence entre les deux actes juridiques qu'il compare. Or, ce serait au contraire constater entre eux une ressemblance d'ailleurs évidente à tous les yeux que de placer le décès de Stichus avant la numération des deniers pour en tirer cette conclusion assez naïve, qu'en pareil cas l'auteur de la dation accomplie aurait indûment exécuté une obligation nulle, faute de cause et serait par conséquent, en droit de répéter sa chose. Celsus suppose donc bien, comme Paul, que la mort de l'esclave est postérieure à la première dation, et ce n'est pas chez M. de Vangerow que nous trouverons le moyen de concilier nos deux textes.

Un autre système, qui a pour lui la grande autorité de Cujas, tend à établir que, par les mots « *periculo meo Stichus erit* », Paul exprimerait simplement l'intention de refuser à l'auteur de la dation accomplie le droit de poursuivre par l'action *præscriptis verbis* l'exécution du contrat et la réalisation du profit qu'il en pouvait tirer, tout en lui laissant, comme le fait Celsus dans la loi 16, le bénéfice de la *condictio causâ datâ causâ non secutâ*. Mais ce système prête au langage toujours si clair et si précis de Paul, une signification trop judaïque et trop peu en harmonie avec la suite même du texte « *duntaxat culpam præstare debes* », pour que nous puissions nous rendre à ses conclusions, et, préférant reconnaître, en nous rangeant avec Justinien (L. 10, C. IV, 6) à l'opinion de Paul, une antinomie manifeste entre les solutions proposées par les deux jurisconsultes, nous nous contenterons de faire observer qu'elles ne sont que des applications également logiques de la doctrine générale de leurs auteurs respectifs en matière de contrats innommés, et nous rechercherons de suite les conséquences de la perte fortuite dans une dernière hypothèse.

L'un des coéchangistes ayant transféré la propriété de Stichus à son cocontractant, ce dernier a livré en retour, sous les apparences d'une dation, l'esclave Pamphile qui, en réalité, ne lui appartenait pas et qui vient à mourir par cas fortuit postérieurement à la tradition.

En pareil cas, si l'*accipiens* entre les mains duquel Pamphile est décédé, vient à découvrir que le *tradens* ne l'avait pas rendu propriétaire, il pourra rejeter sur lui la perte survenue, en se basant sur ce principe que, dans tout contrat, la partie, qui par sa faute n'exécute pas ses obligations, est de ce chef considérée comme toujours en demeure et soumise par là même à tous les risques : « *Finge alienum esse Stichum, sed te tamen eum tradidisse; repetere a te hominem potero, quia hominem accipientis non feceris.* » (L. 16, *De condict. causâ datâ*, D. IIX, 4).

II

L'obligation de transférer la propriété, imposée dans l'échange à l'une et l'autre parties, résulte à la fois du paragraphe 3 de la loi 1 *De rerum permutatione* (D. XIX, 4) : « *Pedius ait alienam rem dantem nullam contrahere permutationem* », et de l'expression même *do ut des*, qui sert le plus souvent à désigner l'échange.

Les conséquences qu'entraine cette obligation sont résumées par Paul en ces quelques mots : « *Indè, si ea res quam acceperim vel dederim postea evincatur, in factum dandam actionem respondetur.* » (L. 1, § 1, *De rerum permut.* D. XIX, 4).

L'analyse de ce texte conduit à distinguer deux hypothèses :

1° La première tradition n'a pas été translative de propriété.

2° La première l'a été, mais non pas la seconde.

Dans la première hypothèse, de trois choses l'une : ou bien la tradition intervenue n'a été suivie d'aucune prestation réciproque, et alors aucun contrat n'a pu se former ; ou bien elle a été suivie d'une tradition non translative de propriété, et ce cas, où ne prend encore naissance aucun lien contractuel, reste comme le précédent en dehors des prévisions de notre texte ; ou bien elle a été suivie d'une dation efficace, et cette seconde prestation procure à son auteur, en formant le contrat, le bénéfice de l'action *in factum præscriptis verbis*, comme le dit la loi I.

Dans la seconde hypothèse, dont l'espèce est également visée par Paul, c'est encore ce même moyen judiciaire qui compète à l'auteur de la première prestation pour obtenir l'accomplissement intégral de l'obligation réciproque.

Quant aux conditions que devra réunir cette prestation aussi bien à l'égard du mode d'exécution que relativement à la nature de l'objet et à la capacité du débiteur, nous leur avons consacré dans le Chapitre I des développements assez explicites pour nous dispenser d'y revenir ici et passer immédiatement à l'étude de l'obligation de garantie.

III

Corollaire nécessaire des deux autres obligations engendrées par l'échange, l'obligation de garantie des copermutants n'a pas, comme celle du vendeur, pour unique objet la *vacua possessio*, mais bien la propriété de la chose livrée, et peut être invoquée par la partie lésée non plus seulement en cas d'éviction consommée ou imminente, mais encore sous la simple condition de prouver qu'il n'y a pas eu dation.

Les hypothèses comprises dans ce dernier terme, se rattachent si directement à l'obligation de transférer la propriété, que nous avons dû les examiner dans la section précédente; il nous reste donc quelques mots à dire sur l'éviction.

L'éviction peut être totale ou partielle. Dans le premier cas, c'est en réalité contre la violation de l'obligation de transférer la propriété que devra se pourvoir la partie lésée (L. 1, § 1, *De præscr. verbis.* D. XIX, 4); dans le second seulement, il y aura spécialement lieu à un recours en garantie, ce qui se présentera d'ailleurs très-fréquemment dans la pratique, la doctrine ayant assimilé à l'éviction partielle la revendication par un tiers de toute servitude personnelle et de tout droit réel autre que la servitude prédiale (L. 34, § 2. — L. 62, § 2. — L. 63, § 1. *De evictionibus D.* XXI, 2).

A côté de cette obligation de garantie issue du contrat d'échange même, il en pouvait encore exister accessoirement une autre, celle de promettre *de evictione*. C'est ce que constate Celsus dans cette célèbre loi 16, *De condictione causâ datâ* (D. XII, 4), que nous connaissons déjà presque entière, et qui statuant sur l'hypothèse d'une dation d'argent effectuée en vue d'obtenir un esclave, se termine par ces mots : « *Et rursus si tuus est Stichus et pro evictione promittere non vis, non liberaberis quominus a te pecuniam repetere possim.* »

Susceptible d'être exercé aussi bien après la formation du contrat qu'au moment même de cette opération, le droit d'exiger la promesse *de evictione* est ici présenté par Celsus comme un droit absolu en matière d'échange. On s'est pourtant demandé si la loi 16, conçue conformément à la doctrine erronée de son auteur sur l'espèce qu'elle envisage, en dehors de toute idée de contrat, est encore applicable dans le système contraire.

Pour nous, l'affirmative ne peut être douteuse, car outre qu'elle est positivement consacrée par une constitution des empereurs Dioclétien et Maximien (L. 29 *De evictionibus*, C. VIII, 45), elle est en même temps conforme à la logique et à l'équité, puisque la *condictio ob rem dati*, accordée par Celsus pour sanctionner l'obligation de promettre *de evictione*, dérive simplement d'un principe de pur droit naturel également applicable à l'une et l'autre doctrines. La seule différence pratique consisterait donc en ce que, dans l'opinion de Celsus, la promesse *de evictione* aurait pour effet de faire naître au profit du *dans* une action contractuelle subsidiaire d'autres moyens judiciaires de pur droit naturel, tandis que, dans le système opposé, elle ne ferait que joindre à une action contractuelle préexistante le bénéfice d'une nouvelle action de même nature et de droit strict, tout en dispensant le *dans* de fournir la preuve de la dation qu'il prétend avoir faite.

Au reste, cette stipulation accessoire à la *rerum permutatio* ne doit pas nous faire perdre de vue l'obligation de garantie que nous ne connaissons encore que sous son principal aspect, et qui, loin de se restreindre aux seuls cas d'éviction, demande encore à être envisagée, comme en matière de vente, dans ses rapports avec ces vices rhédibitoires, dont l'existence latente rend totalement ou partiellement impropre à son usage normal la chose qu'ils affectent.

Œuvre de l'édile curule, cette application nouvelle de l'obligation de garantie, primitivement limitée par le texte de l'édit aux ventes d'esclaves, de bêtes de somme et de troupeaux, fut bientôt formellement étendue à l'échange par le magistrat (L. 19, § 5, *De ædilitio edicto,* D. XXI, 1), qui finit par imposer dans le dernier état du droit cette charge aux deux parties non plus seulement, comme aux termes de la loi des XII Tables, à raison des qualités affirmées ou des défauts expressément niés, non plus seulement même, comme sous l'empire de la jurisprudence intermédiaire, à raison des vices connus et non déclarés, mais encore, et c'est là que l'influence de l'édile se fait principalement sentir, à raison de tous les défauts ignorés de l'aliénateur et susceptibles de diminuer notablement la valeur de la chose.

Établie en vue d'aplanir des difficultés d'ordre purement physique, cette obligation de garantie n'avait en principe dans les échanges d'esclaves d'autre objet que les maladies ou infirmités corporelles de l'individu livré (L. 4, § 4, *De ædilitio edicto*. D. XXI, 1), mais elle comprenait cependant par exception certains vices d'une autre nature, et les textes l'appliquent notamment aux cas assez fréquents, où l'esclave était *fugitivus, erro, noxâre non solutus* (L. 2, *De rerum permut.* D. XIX, 4).

Enfin, une constitution des empereurs Dioclétien et Maximien permet encore de l'étendre, comme dans la vente, en vertu de l'obligation inhérente à tout contrat de bonne foi de ne pas commettre de dol, aux vices mêmes non compris dans l'édit, et par exemple aux servitudes passives, dont l'aliénateur aurait frauduleusement celé l'existence à son contractant « *Permutationem utpote, re ipsâ, bonæ fidei constitutam, vicem emptionis obtinere non est juris incogniti.* » (L. 2, *De rerum permut.* C. IV, 64).

CHAPITRE III

DE LA SANCTION DE L'ÉCHANGE

I. De l'action *præscriptis verbis*. — II. De la *condictio ob rem dati*. — III. De la *condictio ex pœnitentiâ*.

Le chapitre précédent nous a fait connaître sous différents aspects les obligations engendrées par l'échange, mais, tout droit comportant une sanction, un dernier point de vue appelle encore notre attention pour la concentrer tout entière sur le système d'actions organisé en cette matière par la législation romaine et exposé dans ses traits généraux par le jurisconsulte Paul en la forme suivante : « *Sin autem rem do ut rem accipiam, quia non placet permutationem rerum emptionem esse, dubium non est nasci civilem obligationem. In quâ actione id veniet, non ut reddas quod acceperis, sed ut damneris mihi quanti interest meâ, illud de quo convenit accipere; vel si meum recipere velim, repetatur quod datum est, quasi ob rem datum, re non secutâ.* » (L. 5, § 1, *De præscr. verbis*. D. XIX, 5.)

On le voit, l'échangiste, lésé par l'inexécution de la prestation réciproque, a deux moyens judiciaires à sa disposition : l'action *præscriptis verbis* d'une part, la *condictio ob rem dati* d'autre part.

C'est à les examiner séparément que nous allons nous appliquer, en commençant, pour suivre dans cette étude, non pas l'ordre chronologique de leur apparition sur la scène juridique, mais bien celui de leur importance respective, par l'action *præscriptis verbis*, seule capable, nous le savons déjà, d'assurer d'une manière effective l'exécution intégrale du contrat d'échange.

I

Les origines historiques et les développements progressifs de l'action *præscriptis verbis* ont été exposés dans le chapitre préliminaire de ce travail.

Nous n'y reviendrons donc pas, et nous n'étudierons plus en elle que quatre points de vue très-dissemblables, qui nous feront passer successivement en revue :

1° Ses différentes appellations ;

2° Ses caractères principaux ;

3° Ses divers cas d'application en matière d'échange ;

4° Ses résultats pratiques.

I. L'action *præscriptis verbis*, par cela même qu'elle

servait de sanction aux contrats innommés, ne pouvait évidemment se désigner par un mot, comme les actions connues que l'ancien droit avait pris soin d'organiser séparément, et qui, réunies sur l'album du prêteur sous la rubrique générale de *judicia prodita et vulgaria*, formaient la consécration civile des contrats de vente, de dépôt, de gage, etc. Aussi le mot unique, *vendidit, deposuit*, etc., qui suffisait en de telles hypothèses à caractériser dans la *demonstratio* de la formule l'acte juridique dont il était question, devait-il être nécessairement remplacé pour l'échange comme pour tous les contrats innommés par un exposé aussi succinct que possible des faits de la cause, sorte de périphrase qui, figurant en tête de la formule soit dans la *demonstratio*, soit même à l'origine dans une véritable *præscriptio*, explique suffisamment le nom de *præscriptis verbis* donné par la doctrine à une pareille action (L. 6 *in fine. De transact.* C. II, 4).

Telle n'est pourtant pas la manière de voir de Cujas, aux yeux duquel notre système devant forcément aboutir à confondre sous cette même dénomination de *præscriptis verbis* toutes les actions *in factum*, l'appellation qui nous occupe proviendrait de la rédaction de conventions préalablement écrites par les parties : « *ex præscripto contrahentium*. » Mais d'une part la critique de Cujas tombe aisément devant cette simple observation que toute confusion de termes eût été pour le moins difficile, les actions *in factum* ne relatant les faits de la cause ni dans une *præscriptio* ni dans la *demonstratio*, puisqu'elles n'en avaient pas, mais bien dans l'*intentio*; et, d'autre part, le système proposé par ce jurisconsulte est lui-même d'une inexactitude manifeste, puisqu'il fait faussement découler du pacte d'échange l'action engendrée en réalité par la première dation et qu'il suppose en outre tout gratuitement la nécessité d'une convention écrite entre les parties.

L'explication que nous avons donnée subsiste donc tout entière, et nous pouvons passer aux autres dénominations accessoirement appliquées par une extension parfois assez bizarre de leur sens habituel à l'action *præscriptis verbis*.

C'est en première ligne la qualification de *civilis* (L. 1, §§ 1 et 2; L. 5, § 2, *De præscr. verbis*. D. XIX, 5), qui, sans prétendre rappeler cette vérité incontestable que, par opposition aux actions *in factum* proprement dites, l'action *præscriptis verbis* tirait sa force de l'*ipsum jus*, et non du droit honoraire, vise bien plutôt, à notre avis, la source même de droit civil d'où découlait notre action, les *responsa prudentium*.

C'est ensuite l'expression *in factum* (L. 1, § 1, *De rerum permut*. D. XIX, 4. — L. 5, § 2, *De præsc. verbis*, D. XIX, 5), qui, loin de se référer aucunement au caractère de la formule, dont l'*intentio* était au contraire *in jus concepta*, fait simplement allusion à la rédaction spéciale de la *demonstratio*.

C'est enfin l'appellation assez fréquente d'*actio incerti* ou l'application de noms analogues, tels que *actio incerta, judicium incertum*, etc. (L. 7, § 2, *in fine. De pactis* D. II, 14. — L. 9, *De donationibus*. C. VIII, 54).

S'il faut en croire Cujas, le qualificatif *incertus* que nous retrouvons dans toutes ces expressions n'aurait été introduit que pour insister sur l'étendue essentiellement variable et indéterminée de la *condemnatio;* mais cette interprétation nous semble peu plausible, parce qu'en l'adoptant, le même raisonnement et par suite la même dénomination s'appliqueraient sans peine à toute action issue d'un contrat de bonne foi, et nous préférons dès lors admettre avec M. Accarias, que l'épithète en question n'avait pas d'autre source que l'appellation générale de *contractus incerti* appliquée par les Romains aux contrats innommés.

Quoi qu'il en soit de l'origine des dénominations diverses que nous venons d'étudier, l'examen auquel nous avons procédé nous permet d'attribuer dès maintenant à l'action *præscriptis verbis* les deux caractères suivants :

1° Elle est civile, et non pas prétorienne;

2° Elle est *in jus*, bien que sa *demonstratio* soit rédigée *in factum*.

Mais là ne se bornent pas les notions que nous possédons sur son compte; nous savons en outre qu'elle est le plus souvent contractuelle, et partant de là, nous allons nous attacher à prouver qu'elle l'est toujours et nécessairement.

On a voulu, nous ne l'ignorons pas, fonder une opinion contraire sur un texte d'Ulpien, où, pour sanctionner une obligation imposée par un testateur à ses héritiers, le jurisconsulte accorde indifféremment les actions *familiæ erciscundæ* et *præscriptis verbis* (L. 18, § 2, *Familiæ erciscundæ*, D. X, 2), semblant admettre ainsi que ce dernier moyen judiciaire fût susceptible de prendre naissance *quasi ex contractu*.

Telle n'est pas cependant la pensée d'Ulpien, car en l'espèce l'action *præscriptis verbis*, n'étant donnée par lui que postérieurement au partage, se trouve ainsi dériver à la fois et de l'engagement mutuel, par lequel les cohéritiers ont déclaré entendre exécuter le testament, et de l'opération même du partage, qui, par ses rapports intimes avec l'échange, rentre pour ainsi dire parmi les contrats innommés.

L'objection tirée du texte d'Ulpien une fois écartée, l'action *præscriptis verbis* nous apparaît bien comme essentiellement contractuelle, mais nous allons encore plus loin et nous disons qu'elle est en outre spécialement et exclusivement réservée aux contrats innommés, puisque, appliquée à tous les actes juridiques de cette catégorie, elle n'est au contraire pas admise à sanctionner les contrats nommés.

Sans doute, certains textes semblent contredire cette dernière assertion, et l'on nous opposera notamment deux lois, qui soit dans le cas d'une vente accompagnée d'un *pactum displicentiæ* (L. 6. *De rescindendâ venditione.* D. XVIII, 5), soit dans l'hypothèse très-voisine d'une vente à réméré (L. 6, § 1. *De contrahendâ emptione.* D. XVIII, 1), admettent sans réserve le concours des actions *venditi* et *præscriptis verbis.* Mais ce ne sont là que les derniers vestiges du conflit opiniâtre qui divisa si longtemps les Prudents, et l'on ne saurait révoquer en doute le triomphe définitif de la doctrine proculienne qui, considérant comme une véritable résolution du contrat primitif tout recours volontaire à la clause de *displicentia* ou à la faculté de réméré, déclarait voir en même temps dans ce seul fait la réalisation d'un autre contrat, d'un véritable *do ut des* formé sous condition suspensive par l'aliénation même qui avait suivi la conclusion de la vente et inadmissible, comme toutes les opérations juridiques de cette catégorie, au bénéfice d'aucune autre sanction contractuelle que l'action *præscriptis verbis.*

Le principe que nous avons posé est donc inattaquable, et nous en déduisons immédiatement que l'action *præscriptis verbis* est directe et non pas utile comme le voulait Cujas. Et en effet, puisqu'elle est exclusivement attachée à titre de sanction, à ces contrats innommés que les textes qualifient si souvent de *proprium genus contractûs* et de *proprius contractus*

(L. 29, *princ.*, *De præscr. verbis.* D. XIX, 5; *Institutes*, III, 24), comment lui refuserions-nous ce même caractère d'originalité ? Et quand bien même cet argument de pure logique ne suffirait pas à établir notre doctrine, ne la trouverions-nous pas implicitement confirmée dans ce fragment du Digeste, où, se plaçant dans l'hypothèse d'un contrat innommé, Ulpien nous dit en propres termes : « *Propria actio competit.* »

Au surplus, si manifeste qu'elle puisse être à nos yeux, l'erreur de Cujas n'en est pas moins excusable jusqu'à un certain point, car, en présence de quelques textes qui, par suite des dissentiments des Prudents sur la matière, donnaient, pour une même hypothèse, tantôt l'action *præscriptis verbis*, tantôt l'action utile de tel ou tel contrat, on pouvait fort bien être tenté de refuser à notre action cette individualité propre et cette physionomie spéciale, que l'on s'accorde à lui reconnaître aujourd'hui et qui devait se traduire à peu près en ces termes dans la rédaction de sa formule : « *Quod inter Aulum Agerium et Numerium Negidium convenit, ut ille fundum Cornelianum daret, hic autem vicissim fundum Sempronianum; quodque A. Agerius nec invicem N. Negidius fundum dedit, quâ de re agitur, quidquid ob eam rem N. Negidium A. Agerio dare facere oportet ex fide bonâ, id, judex, N. Negidium A. Agerio condemnato; si non paret, absolvito.* »

L'*intentio* et la *condemnatio* de cette formule, contenant forcément, l'une et l'autre, le nom du défendeur, nous en déduirons que l'action *præscriptis verbis* était *in personam*.

Mais était-elle en même temps de bonne foi? C'est là un septième caractère que nous venons de lui attribuer tout gratuitement, et qu'il s'agit maintenant d'établir.

A cet effet, sans appuyer sur cette considération que les contrats innommés, fruits de la réaction du droit naturel contre le vieux droit civil, durent être vraisemblablement pourvus de la sanction la plus conforme à l'équité, sans insister davantage sur ce fait que, en raison même de son caractère synallagmatique, le contrat d'échange devait nécessairement engendrer une action de bonne foi, nous prétendons établir de la façon la plus concluante, par la lecture des textes, l'affirmation que nous avons posée.

Le premier argument que nous rencontrons dans cette voie nouvelle est emprunté à un fragment d'Ulpien, où ce jurisconsulte, envisageant l'hypothèse d'un précaire, accorde, à côté de l'interdit spécial à cette matière, l'action *præscriptis verbis* « *quæ ex bona fide oritur* » (L. 2, § 2, *De precario*. D. XLIII, 26), et dont il se garde bien d'ailleurs, de restreindre à cette espèce le caractère de bonne foi, puisqu'il déclare implicitement, un peu plus haut, en réserver l'application aux cas où l'équité doit être prise pour règle.

Un second texte non moins formel est la loi 1 *princ. De æstimato* (D. XIX, 3), dans laquelle ce même Ulpien, après nous avoir présenté l'*actio æstimatoria* comme la meilleure sanction du contrat de ce nom, nous dit, en terminant : « *Quoties enim de nomine contractus alicujus ambigetur, conveniret tamen aliquam actionem dari, dandam æstimatoriam præscriptis verbis actionem : est enim negotium civile gestum, et quidem bona fide,* » paroles qui, si l'on en retranche le mot « *æstimatoriam* », dont la présence inexplicable ne peut être attribuée qu'à une interpolation maladroite, nous mènent directement à reconnaître, sans restriction aucune, le caractère de bonne foi de l'action *præscriptis verbis.*

Enfin, le dernier argument que nous voulons encore tirer des textes, parce qu'il se réfère plus spécialement que les deux précédents à la matière de l'échange, repose sur un fragment des Institutes, où nous voyons figurer, au milieu d'une énumération des actions de bonne foi, l'action *præscriptis verbis « quæ ex permutatione competit »* (L. IV, tit. VI, *De actionibus,* § 28).

La question ne pouvant donc plus faire pour nous aucun doute, nous nous attacherons maintenant à mettre en lumière une proposition nouvelle, en démontrant que l'action *præscriptis verbis* est une action arbitraire.

La preuve en est dans deux textes :

1° La loi 9, *De præscriptis verbis* (D. XIX, 5), où

Papinien, appliquant à une espèce spéciale l'action qui nous occupe, en détermine les résultats par cette alternative «... *judicis officio... promissa præstabitur, aut condemnatio sequetur* »;

2° Une Constitution de Dioclétien et Maximien, par laquelle, statuant sur l'hypothèse même de l'échange, les deux empereurs fixent en ces termes l'étendue de la sanction contractuelle qu'ils accordent : « *præscriptis verbis actio est, ut vel fides placiti tibi servetur, vel quod alterius accipiendi gratiâ dedisti, causâ non secutâ restituatur* (L. 4, *De rerum permut.* C. IV, 64).

Toutefois ce dernier texte qui enlèverait à la *condictio ob rem dati* toute son utilité particulière, exagère peut-être la portée de l'action *præscriptis verbis*, et Justinien, en ne la donnant que *rei persequendæ gratiâ*, et par suite *in simplum*, en restreint très-clairement le but à la seule réparation exacte du préjudice causé par le défendeur, la séparant ainsi nettement des actions pénales, qui, indépendamment de ce premier résultat, entraineraient en outre au profit du demandeur une condamnation pécuniaire.

Ce même empereur nous la présente encore, par opposition aux actions temporaires qui ne duraient qu'un an, comme une action perpétuelle, mais cette épithète ne désigne plus, dans la terminologie incorrecte de ce prince, qu'une période trentenaire et ne conserva pas au-delà du sixième siècle son acception normale.

Enfin l'action *præscriptis verbis* est de plus, comme la plupart des actions contractuelles, activement et passivement transmissible aux héritiers, et la constatation de ce dernier caractère général, que nous relevons en elle, nous servira de transition pour passer à l'examen des divers cas d'application qu'elle dut présenter dans la matière spéciale de l'échange.

II. Posant tout d'abord en principe, que l'action *præscriptis verbis* dut s'appliquer à toutes les hypothèses où l'un des copermutants avait d'une manière quelconque violé ses engagements, nous rechercherons la confirmation de cette proposition dans les six hypothèses suivantes :

1° Un pacte d'échange est intervenu entre deux personnes et a été exécuté par l'une d'elles seulement.

Si l'autre refuse de l'accomplir à son tour, elle est passible de l'action *præscriptis verbis*, car elle n'a satisfait ni à son obligation de livrer ni à celle de transférer la propriété, et d'après une Constitution de Protogène : « *Rebus certâ lege traditis, si huic non pareatur, præscriptis verbis incertam civilem dandam actionem juris authoritas demonstrat* (L. 6. *De rerum permut.* C. IV. 64).

2° Le pacte a été comme précédemment exécuté par l'une des parties seulement, tandis que l'autre n'a effectué de son côté qu'une simple tradition non translative de propriété, soit parce qu'elle n'était pas propriétaire, soit parce qu'elle était incapable, soit enfin parce qu'elle n'a pas employé les formes régulières, ou que la chose livrée n'était pas susceptible de faire l'objet d'un échange.

Ici encore, elle reste exposée à l'action *prescriptis verbis*, car si elle s'est acquittée de sa dette de délivrance, elle n'a pas plus accompli que dans notre première espèce son obligation de transférer la propriété.

3° Le pacte a été exécuté par les deux échangistes, mais l'un d'eux vient à être évincé.

En pareil cas, il peut invoquer l'obligation de garantie qui ne cesse d'incomber à son cocontractant. « *Si ea res quam acceperim, vel dederim, posteà evincatur, in factum dandam actionem respondetur* (L. 1, § 1, *De rerum permut.* D. XIX, 4).

4° Le pacte a encore été exécuté des deux côtés, mais l'une des deux choses a subi une éviction, non plus totale comme précédemment, mais simplement partielle.

Même solution que ci-dessus.

5° Le pacte a été exécuté par les deux parties et aucune éviction ne s'est produite, mais l'un des contractants refuse à l'autre la promesse *de evictione*.

Ici encore, c'est l'action *præscriptis verbis* qui sera donnée à titre de sanction.

6° Le pacte a été exécuté de part et d'autre, il n'est survenu ni éviction ni difficultés relatives à la promesse *de evictione*, mais il se trouve que, dans l'une des deux choses livrées ou même dans toutes les deux, on vient à découvrir soit un vice prévu par l'édit, soit quelque autre défaut non prévu mais connu de l'aliénateur et par lui non déclaré, soit enfin, dans le cas où il s'agirait d'un fonds présenté *uti optimus maximus*, une servitude passive.

Dans toutes ces hypothèses, l'action *præscriptis verbis* sera certainement recevable, mais elle ne s'imposera pas nécessairement à la partie lésée, à laquelle resteront également ouvertes les actions édilitiennes *quanti minoris* ou *æstimatoria* et *redhibitoria* : la première, limitée à une année utile et susceptible de procurer à son titulaire une indemnité égale à la moins-value résultant pour la chose de l'existence du vice incriminé ; la seconde, prescriptible par le délai utile de six mois, admissible à l'effet d'amener la résolution du contrat, et par suite irrecevable dans tous les cas où l'objet litigieux aurait déjà subi de la part du demandeur une aliénation totale ou partielle.

IV. Nous en avons fini avec l'énumération des hypothèses d'où peut dériver l'action *præscriptis verbis*; nous l'avons vue appelée à sanctionner successivement toutes les obligations engendrées par l'échange; il ne nous reste donc plus qu'à en déterminer les résultats pratiques, et c'est ce qu'il nous sera facile de faire à l'aide de quelques textes, où nous allons voir se confirmer partout ce grand principe du droit classique, d'après lequel, sous le système formulaire, toute condamnation était nécessairement pécuniaire.

Dans cet ordre d'idées, le premier texte qui se présente à nous est la loi 5, § 1, *De rerum permutatione* (D. XIX, 4), où nous lisons ces mots : « *In quâ actione id veniet..... ut damneris mihi quanti interest meâ, illud de quo convenit accipere* ».

Ce sont ensuite les lois 2, au même titre, et 2, au Code, *De rerum permutatione* (C. IV, 64), d'où il résulte implicitement par suite d'une assimilation facile entre l'échange et la vente, qu'au cas d'éviction totale ou partielle, la partie lésée obtiendra par l'action *præscriptis verbis* : « *quanti suâ intererit rem totam, vel rei partem aliquam evictam non fuisse.* »

C'est enfin la loi 29, *De evictionibus* (C. VIII, 45), aux termes de laquelle le copermutant évincé recouvrera par la même voie « *quanti interest suâ prædia evicta non fuisse.* »

L'action *præscriptis verbis* aboutira donc, dans tous les cas où le demandeur réussira à établir ses prétentions, à faire prononcer en sa faveur une condamnation pécuniaire dont le montant se calculera sur l'intérêt qu'il pouvait avoir à l'exécution effective du contrat : telle est la conclusion, nous pourrions presque dire la traduction des textes que nous venons de rapporter.

Mais le principe en vertu duquel « *omnia judicia absolutoria sunt* » ne permettra-t-il pas au défendeur de se soustraire à la condamnation par l'offre volontaire de la somme qu'elle eût elle-même fixée C'est là une question délicate, que nous n'hésitons pas à résoudre négativement.

De même, en effet, qu'après la condamnation, le défendeur se trouve entièrement déchargé par un paiement en espèces, parce que depuis le prononcé du jugement, son obligation n'a plus en réalité pour objet que de l'argent, de même avant cette époque, il ne pourra se libérer que par la prestation de la *res ipsa* qu'il a promise, parce qu'il ne doit jusqu'alors absolument et exclusivement que cette *res ipsa* et non pas autre chose.

On s'explique ainsi facilement comment le régime de la procédure extraordinaire étant venu tempérer l'absolutisme du principe de la question pécuniaire, le demandeur réussit à obtenir sous Justinien, dans tous les cas où aucune impossibilité matérielle ne s'y opposait, la prestation même qui lui avait été promise, et l'on peut constater une fois de plus, dans cette modification apportée par l'Empire à la jurisprudence, cet esprit d'inflexible logique, qui guide jusque dans la plupart de ses défaillances le législateur romain.

II

Indépendamment de ses origines historiques et juridiques que nous avons déjà eu occasion de faire connaitre, la *condictio ob rem dati*, de même que précédemment l'action *præscriptis verbis*, nous présente, elle aussi, quatre points de vue intéressants à étudier, savoir :

1° Ses différentes appellations;

2° Ses caractères principaux;

3° Ses divers cas d'application en matière d'échange ;

4° Ses résultats pratiques.

I. — Le nom sous lequel nous l'avons jusqu'ici le plus souvent désignée, et qui se retrouve d'ailleurs fréquemment dans les textes, *condictio ob rem dati, re non secutâ*, parvient mieux que tout autre à la représenter comme une action ayant pour objet la répétition d'une chose donnée en vue d'un but qui ne s'est pas réalisé.

Assurément, c'est encore la même idée que prétend rappeler Justinien, lorsqu'il applique à cette action dans les rubriques respectives des deux titres qu'il lui consacre au cours de sa compilation, les dénominations de *condictio causâ datâ causâ non secutâ* et *condictio ob causam datorum*. Mais bien qu'ici la synonymie de toutes ces appellations ne puisse être douteuse, nous ne pouvons nous empêcher de faire remarquer avec M. Accarias (*Théorie des contrats innommés*), que la première seule est rigoureusement exacte, la locution *dare ob rem* exprimant seule une dation accomplie en vue d'un but à atteindre et d'un fait à venir, tandis que l'expression *dare ob causam* évoque au contraire l'idée d'une prestation réalisée à raison d'un fait passé.

II. — Quel que soit le sens littéral des diverses dénominations appliquées à l'action qui nous occupe, la signification identique qu'on s'accordait unanimement à leur attacher nous apparaît comme une reconnaissance formelle du principe d'équité, dont nous avons toujours fait découler la *condictio ob rem dati.*

Cette origine lui a cependant été contestée, et l'on a cru pouvoir, sans en fausser le caractère, lui attribuer en certains cas une source contractuelle, en se fondant sur un texte d'Ulpien, où ce jurisconsulte fait naître la *condictio certi « ex omni causâ, ex omni obligatione, ex quâ certum petitur, sive ex certo contractu, sive ex incerto. »*

Mais ce texte demande à être interprété plus largement : ce n'est pas en effet dans le contrat luimême, mais bien dans la prestation qui le forme, qu'il convient de placer la source de la *condictio,* et nous n'en voulons pour preuve que ce fragment du Digeste, où Paul, supposant une prestation qui n'a pu engendrer aucun contrat, puisqu'elle avait pour objet la chose d'autrui, accorde formellement à la partie lésée la *condictio ob rem dati,* tout en lui refusant au contraire l'action contractuelle *de præscriptis verbis.*

Nous sommes donc bien autorisé à dire que si la *condictio ob causam datorum* peut-être appelée à sanctionner certains contrats, si elle concourt notamment presque toujours avec l'action *præscriptis verbis* en matière d'échange (L. 5, § 1, *De præscr. verbis*. D. XIX, 5), elle n'en est pas moins par elle-même absolument incontractuelle. C'est là un premier caractère qui sépare nettement jusque dans leur principe les deux voies judiciaires ouvertes aux copermutants : deux autres particularités accentueront encore la différence.

Et d'abord, au point de vue de l'objet, la *condictio ob rem dati* sera presque toujours *certa*.

On sait en effet que les jurisconsultes romains distinguaient à cet égard trois espèces de *condictiones* : la *condictio incerti*, la *condictio de certâ pecuniâ* ou *condictio certi*, et la *condictio de aliâ certâ re*. C'est évidemment dans cette dernière catégorie que devait trouver place la *condictio causâ datâ causâ non secutâ*, puisque la chose qui en faisait l'objet pouvait toujours être déterminée dans sa nature et dans sa quantité, et nous ne voyons à cette règle d'autre exception possible que l'hypothèse de la loi 16, *De condictione causâ datâ* (D. XII 4), où, la dation accomplie consistant en une somme d'argent, il y avait naturellement lieu à la *condictio certæ pecuniæ*.

Enfin, le dernier caractère qui différencie les deux sanctions civiles de l'échange est relatif à l'étendue des pouvoirs du juge, quel, car tandis action *præscriptis verbis* est de bonne foi, la *condictio ob rem dati* est au contraire de droit strict, et, les considérations d'équité ne devant dès lors intervenir à aucun titre dans le calcul du montant de la condamnation, nous en pouvons déduire deux conséquences intéressantes :

1° Dans l'espèce que nous rappelions tout à l'heure, où l'objet à restituer consiste en une somme d'argent, il ne sera tenu aucun compte au demandeur des intérêts échus depuis la *litis contestatio*;

2° Dans le cas où la chose litigieuse aura produit des fruits naturels, ils ne seront dus, conformément aux principes généraux, qu'à dater de la mise en demeure.

Au reste, si différente qu'elle fût de l'action *præscriptis verbis*, la *condictio ob rem dati* n'en présentait pas moins avec la sanction contractuelle de l'échange quelques points de contact.

Comme elle consacrée par le droit civil, comme elle *in jus concepta*, elle s'en rapprochait encore davantage en ce que, à l'exemple de toutes les actions par lesquelles le demandeur *intendit dari fierive sibi oportere*, elle était personnelle : ensemble de caractères, dont la combinaison avec ceux que nous avons analysés précédemment nous permet de reconstituer ainsi qu'il suit la formule de la *condictio ob rem dati : Quòd Aulus Agerius Numerio Negidio fundum Cornelianum dedit ut fundus Sempronianus sibi vicissim daretur, quâ de re agitur, si paret N. Negidium A. Agerio fundum Cornelianum dare oportere, tantam pecuniam, ju-*

dex, N. Negidium A. Agerio condemnato; si non paret, absolvito.

Nous avons admis sans hésitation dans la rédaction de cette formule le caractère personnel de la *condictio ob causam datorum* : la question a pourtant donné lieu à bien des controverses, et pendant trop longtemps les interprètes n'ont pas craint de poser en principe que la reprise de l'*ob rem datam*, véritable résolution du contrat d'échange, pouvait s'exercer aussi bien contre les ayants-cause à titre particulier du copermutant que contre lui-même et ses successeurs à titre universel.

L'inexactitude d'une pareille doctrine résulte avec la même rigueur et des principes généraux qui régissent la matière et d'un texte formel.

Sur le premier point, en effet, nul ne contestera que les *condictiones* soient des actions personnelles, puisque Justinien dit textuellement aux Institutes (IV, 15, *De actionibus*) : « *In personam vero actiones, quibus facere intendimus, condictiones* » ; et l'on sait que les actions personnelles ne sont point recevables contre les tiers.

Quant à l'argument de texte que nous pouvons invoquer, il s'appuie sur la loi 4 *De rerum permutatione* (C. IV, 64), où Dioclétien et Maximien s'expriment de la sorte : « *Quum precibus tuis expresseris placitum inter te et alium permutationis intercessisse, eumque fundum a te datum vendidisse, contrà emptorem quidem te nullam habere actionem perspicis, quàm ab eo susceperit dominium, cui te tradidisse titulo permutationis non negas.*»

On le voit, cette constitution repousse aussi clairement que possible le droit de suite contre les tiers détenteurs à titre particulier. Quelques auteurs ont cependant essayé d'en limiter la portée à l'espèce qu'elle prévoit ou tout au moins aux hypothèses, dans lesquelles l'une des parties ayant exécuté son obligation de transférer la propriété, le contrat d'échange a pu prendre naissance. Dans tout autre cas, disent les partisans de ce système, l'action en reprise sera réelle par application de la fameuse maxime de Paul : « *Pedius ait alienam rem dantem nullam contrahere permutationem* », car le demandeur pourra soutenir avec raison que, n'ayant jamais eu aucun droit sur la chose qu'il a livrée, il n'a pu en transférer la propriété à son copermutant et que ce dernier n'a pu dès lors transmettre au tiers un droit qu'il n'avait pas lui-même.

Mais, dirons-nous à notre tour, à cette prétention de la partie qui l'actionne, l'acquéreur poursuivi ne sera-t-il pas fondé à répondre que, s'il n'a aucun droit sur la chose, son adversaire n'en a pas plus que lui, et à réclamer, en conséquence, le bénéfice de la règle « *In pari causâ melior est causa possidentis* » ?

L'affirmative nous semble incontestable, et le triomphe du tiers détenteur nous apparaissant dès lors comme aussi assuré dans les divers cas où le contrat d'échange n'a pas pu se former que dans ceux-là même où il a pris naissance, nous en concluons directement que la *condictio ob rem dati* ne pouvait être intentée que contre le copermutant et ses successeurs à titre universel, c'est-à-dire, en d'autres termes, qu'elle n'était ni réelle, ni mixte, mais simplement et exclusivement personnelle, ainsi que nous l'avions admis *a priori*.

III. — Par la constatation de ce dernier caractère de la *condictio ob rem dati*, nous arrivons à limiter, dans une certaine mesure, son champ d'application : il nous suffirait désormais, pour le déterminer avec précision, d'établir que la *condictio* ne peut être exercée qu'autant que l'action *præscriptis verbis* est elle-même recevable, et c'est ce que la lecture des quelques textes auxquels nous nous contentons de renvoyer le lecteur démontre assez clairement pour nous éviter de passer une seconde fois en revue des hypothèses déjà connues (L. 1, § 4, *De rerum permut.* D. XIX, 4 ; L. 5, § 1, *De præscr. verbis*. D. XIX, 5 ; L. 5 et 7, *De rerum permut.* C. IV, 64 ; L. 1, C. *eodem titulo*).

IV. — Il ne nous resterait donc plus à étudier que les résultats pratiques de la *condictio ob rem dati*. Mais ici encore, l'assimilation presque parfaite que l'application commune du principe de la condamnation pécuniaire établit entre les deux sanctions civiles de l'échange, nous autorise à glisser rapidement sur la question, et, après avoir fait observer uniquement que l'indemnité sera calculée dans la *condictio ob rem dati*, non plus comme dans l'action *præscriptis verbis*, sur l'intérêt attaché par le demandeur à l'exécution intégrale du contrat, mais simplement sur la valeur de la chose au jour de la *litis contestatio*, nous terminerons ce chapitre par quelques développements sur un des points les plus obscurs de notre matière, le *jus pœnitendi*.

III

Originaire de l'époque où la *datio ob rem* ne faisait naître aucun contrat, le *jus pœnitendi* s'analysait alors en un simple droit de répétition accordé jusqu'à l'exécution réciproque du pacte à l'auteur de la première prestation et sanctionné à son profit par une *condictio ex pœnitentiâ*, de tous points identique à la *condictio ob rem dati*.

Mais les deux actions ne pouvaient rester bien longtemps confondues, et, du jour où fut admis dans la doctrine le caractère contractuel de la *datio ob rem*, ou bien la *condictio ex pœnitentiâ* dut en être réduite à sanctionner, dans tous les contrats de cette nature, un droit de résolution arbitraire et exorbitant, ou bien elle dut disparaître entièrement de la scène juridique.

Telle est, du moins, l'alternative qui semblait devoir s'imposer, dont les deux termes ont eu l'un et l'autre leurs partisans, et à côté de laquelle

M. Accarias est cependant arrivé à faire prévaloir le système intermédiaire que nous adopterons.

Et d'abord, dirons-nous avec l'honorable professeur, il serait téméraire de contester que la *condictio ob penitentiam* ait survécu à la proclamation du caractère contractuel de la *datio ob rem*, puisque nous la voyons encore accordée par deux textes précis au temps de Justinien (L. 3, §§ 2 et 3; L. 5, *princ.*, §§ 1 et 2, *De condictione causâ datâ*. D. XII, 4).

En second lieu, il ne serait pas moins abusif de généraliser ces textes outre mesure pour en tirer la conclusion que la *condictio ex penitentiâ* pût être admise à l'époque classique dans tous les contrats innommés formés par une dation.

Quand bien même, en effet, les principes du droit et la notion de l'équité ne suffiraient pas à condamner « cette idée qu'une partie contractante demeure maitresse de résoudre ou de conserver le contrat selon ses convenances et son caprice » (1), nous en trouverions encore dans le domaine de la pratique, le désaveu formel au Code, dans les lois 5 et 7, *De rerum permutatione* (C. IV, 64), et même, pour les partisans de la doctrine de Celsus sur la nature du *negotium do pecuniam ut rem des*, dans la loi 10, *De condictione ob causam datorum* (C. IV, 6), où nous lisons ces mots : « *Pecuniam a te datam, si*

(1) M. Accarias, *Théorie des contrats innommés.*

hæc causa pro quâ data est, non culpâ accipientis sed fortuito casu non est secuta, minimè repeti posse certum est. »

On le voit, la logique et les textes sont ici d'accord pour démontrer que si le *jus pœnitendi* réussit à se maintenir jusque dans le droit classique, il n'en faut pas du moins étendre au delà de certaines limites le champ d'application. C'est donc à déterminer rigoureusement l'étendue de son domaine que nous devrons nous attacher pour arriver à reconnaître ou à dénier avec quelque certitude son admissibilité en matière d'échange, et une simple remarque sur les textes où nous avons vu Justinien accorder expressément la *condictio ex pœnitentiâ* va nous conduire au but.

En relisant, en effet, les lois 3, § 2, et 5, *princ.*, §§ 1 et 2, *De condictione causâ datâ* (D. XII, 4), il est facile de voir qu'elles n'envisagent l'une et l'autre que des contrats innommés rentrant dans la catégorie des *negotia do ut facias* et présentant avec le mandat une grande analogie. Or, personne n'ignore que le droit de révocation volontaire était expressément reconnu au mandant, à charge par lui de n'en pas faire usage en temps inopportun et de rendre le mandataire absolument indemne. Il était donc naturel que les principes de ce contrat nommé fussent appliqués par la doctrine aux contrats innommés qui offraient avec lui quelque similitude, et nous ne saurions dès lors nous étonner d'en retrouver la reproduction exacte dans les textes que nous étudions.

Tout autre est le cas de l'échange, si nous le comparons à son tour avec les contrats nommés, puisque, bien loin d'offrir avec le mandat, la moindre analogie, il ne se rapprochait au contraire que de la vente, opération dans laquelle le droit de résolution ne fut jamais admis.

Nous en conclurons donc que le *jus pœnitendi* n'était pas applicable en matière d'échange, et, résumant en quelques mots les explications que nous avons données sur la sanction civile de ce contrat, nous dirons que deux recours judiciaires, l'action *prœscriptis verbis* et la *condictio causâ datâ causâ non secutâ*, restèrent ouverts aux copermutants jusque dans le dernier état de la législation romaine, mais que la *condictio ex pœnitentiâ* leur fut au contraire refusée de bonne heure, et vraisemblablement à dater du jour même où fut définitivement reconnu par la jurisprudence le caractère contractuel de la *datio ob rem*.

CHAPITRE IV

COMPARAISON DE L'ÉCHANGE AVEC DIVERSES OPÉRATIONS JURIDIQUES.

Comparaison avec : — I La vente; — II Le partage; — III La donation.

Nous en avons fini avec l'étude particulière de l'échange; nous connaissons ses origines historiques et sa filiation juridique aussi bien que ses caractères et sa définition; nous savons quelles sont ses conditions d'existence et de validité; enfin, nous avons également étudié les obligations qu'il engendre et les actions auxquelles il peut donner naissance : nous devons maintenant, après l'avoir examiné isolément dans ses effets comme dans ses éléments, essayer de le rattacher aux diverses opérations juridiques avec lesquelles il peut offrir quelque similitude, et nous le comparerons à ce titre aux trois actes dont les noms suivent : 1° la vente; 2° le partage; 3° la donation.

I

Au cours de ce travail, nous avons eu plus d'une fois à constater l'intimité manifeste des rapports juridiques qui existent entre l'échange et la vente. Nous ne rappellerons donc que pour mémoire la communauté de leurs origines historiques et les quelques textes d'où leur étroite parenté se dégage le plus nettement (*L.* 2 *De rerum permut.*, C. IV, 64 ; L. 2 *De rerum permut.* D. XIX, 4), et nous nous appliquerons exclusivement à mettre en lumière les différences importantes qui les séparent.

Première et deuxième différences. — Tandis que, dans la vente, les deux parties se distinguent à la fois par la dissemblance de leurs noms respectifs et par celle des obligations qu'elles assument, dans l'échange, au contraire, des dénominations identiques viennent s'appliquer d'une part aux contractants, d'autre part aux objets de leurs engagements. Ainsi, il n'y a plus dans l'échange comme dans la vente un *emptor* et un *venditor*, une *merx* et un *pretium*, mais simplement deux copermutants et deux choses échangées.

Ces deux premières différences s'expliquent d'ailleurs fort bien. Dans la vente, avons-nous dit, les parties reçoivent des noms différents : mais cela tient sans aucun doute à ce que leurs obligations respectives n'ont ni le même objet ni la même étendue, et si de leur côté, les choses livrées par les contractants sont désignées l'une et l'autre par une expression particulière, c'est encore par un motif analogue et parce que, l'une d'elles devant nécessairement consister en argent monnayé, rien n'est plus facile que de les distinguer. Dans l'échange au contraire, les deux parties fournissant des choses de même nature et contractant des obligations identiques, il est tout naturel que les mêmes noms servent à désigner, d'une part les deux contractants, et d'autre part les deux objets. Toute distinction serait en effet arbitraire aussi bien entre les parties qu'entre les choses échangées, et c'est ce qu'expriment en fort bons termes à ces deux points de vue deux textes du Digeste : 1° la loi 1, § 1, *De contrahendâ emptione* (D. XVIII, 1), qui se termine de la sorte : « *Sicut aliud est vendere, aliud emere, alius emptor, alius venditor, ita pretium aliud, aliud merx : at in permutatione discerni non potest, uter emptor vel uter venditor sit* » ; 2° la loi 1, *princip.* et § 1, *De rerum permutatione* (D. XIX, 4), où nous lisons ces mots : « *In permutatione vero si utrumque pretium est, utriusque rem fieri oportet, si merx neutrius; sed quum debeat et res, et pretium esse, non potest inveniri, quid eorum merx et quid pretium sit : nec ratio patitur, ut una eademque res et veneat et pretium sit emptionis.* »

Troisième différence. — De l'assimilation parfaite établie par ces textes entre les deux copermutants comme entre les deux objets du contrat, il résulte nécessairement qu'au lieu de deux actions, l'une spéciale au vendeur, l'action *ex vendito*, et l'autre à l'acheteur, l'action *ex empto*, les deux moyens judiciaires admis à sanctionner l'échange, c'est-à-dire l'action *præscriptis verbis* et la *condictio ob rem dati* devront être, au contraire, indistinctement accordés à chacune des parties. C'est ce que nous avons pu constater bien souvent dans les textes et ce qui formera pour nous la troisième différence entre la vente et la *rerum permutatio*.

Quatrième et cinquième différences. — Deux nouvelles dissemblances peuvent d'ailleurs se rattacher encore à cette même idée. La première consiste en ce que les pactes obscurs ou ambigus qui s'interprètent dans la vente contre le vendeur (L. 21. D. XVIII, 1), s'interpréteront dans l'échange, selon les circonstances, tantôt contre l'une des parties et tantôt contre l'autre; la seconde s'analyse en cette proposition, que l'action en rescision pour lésion d'outre-moitié accordée au vendeur d'immeubles par les lois 2 et 8 *De rescindendâ venditione* (C. IV, 44), dut être considérée comme inapplicable en matière d'échange.

Ces cinq premières différences une fois établies, nous n'en signalerons plus que quelques-unes, qui prennent leur source dans des principes tout autres que celui dont nous nous sommes borné jusqu'ici à développer les conséquences et qui peuvent se formuler ainsi qu'il suit :

Sixième différence. — La vente est un contrat nommé; l'échange est un contrat innommé.

Septième différence. — La vente est un contrat consensuel; l'échange est un contrat qui ne se forme que par un fait d'exécution « *Emptio ac vendito nudâ consentientium voluntate contrahitur : permutatio autem ex re traditâ initium obligationi præbet* » (L. 1, § 2. *De rerum permut.*, D. XIX, 4).

Huitième différence. — Non-seulement la *rerum permutatio* ne se forme que par un fait d'exécution, mais encore, ce fait devant toujours consister en une dation dont l'accomplissement par l'une des parties engendre à la charge de l'autre une obligation identique, il en résulte que l'échange implique une double translation de propriété. Dans la vente, au contraire, l'acheteur seul est, en principe et sauf certaines réserves, tenu d'opérer une véritable dation, tandis que le vendeur n'est obligé qu'à transférer la *vacua possessio* de la chose livrée.

Neuvième différence. — Le vendeur qui a suivi la foi de l'acheteur ne peut répéter sa chose en cas de non-paiement; l'échangiste au contraire peut toujours, en cas d'inexécution de la prestation réciproque, intenter la *condictio ob rem dati*.

Ces quatre dernières propositions n'exigeant pas d'autres développements, soit parce qu'elles ont été déjà élucidées dans les chapitres précédents, soit parce qu'elles n'offrent pas matière à controverses, nous passerons dès à présent à l'étude comparative de l'échange et du partage.

II

Translatif et non déclaratif de propriété comme dans la législation française, le partage n'est en droit romain autre chose qu'un échange : « *Permutatio rerum discernens communionem,* » ainsi que le qualifie la loi 1, *Communia utriusque judicii* (C. III. 38).

Une distinction est pourtant nécessaire, car si la définition de Justinien s'applique fort bien au partage conventionnel, dans lequel se rencontre forcément l'accord de volontés indispensable à la formation du contrat d'échange, elle ne saurait s'étendre au partage judiciaire, où les mutations de propriété qui interviennent ne se produisant plus que par l'autorité du juge, on ne constate plus l'existence de ce consentement unanime des parties qui constitue la base essentielle de tout contrat.

Le partage judiciaire est donc bien loin de présenter avec l'échange autant d'analogie que le partage conventionnel, et c'est en conséquence cette dernière opération que nous étudierons désormais exclusivement, en la définissant tout d'abord comme un acte juridique, par lequel plusieurs propriétaires par indivis d'une masse de biens ou d'un objet particulier se transmettent mutuellement leurs droits indivis sur une partie du total pour obtenir en retour la propriété pleine et entière de la partie complémentaire.

Cette définition étant d'accord avec les textes précédemment cités pour ne faire du partage autre chose qu'une forme spéciale de l'échange, toutes les règles que nous avons établies à propos de ce dernier contrat devront trouver ici leur application naturelle, et nous n'avons plus en conséquence qu'à exposer brièvement les résultats principaux de cette assimilation au triple point de vue des caractères mêmes du partage conventionnel, de ses effets juridiques et de sa sanction civile.

I. *Caractères du partage.* — De même que l'échange, le partage est un contrat synallagmatique, à titre onéreux, commutatif, innommé et rentrant par son objet dans la catégorie des *negotia do ut des.*

II. *Effets juridiques du partage.* — De même que l'échange, le partage met à la charge de chacune des parties les trois obligations de délivrance, de translation de propriété et de garantie.

Relativement aux deux premières, nous ne pourrions que répéter ce que nous avons déjà dit à propos de l'échange ; la troisième seule nous arrêtera quelques instants, aussi bien pour le cas d'éviction qu'en matière de vices rédhibitoires.

En ce qui concerne le premier point de vue, notre solution nous est dictée par un texte du Digeste, la loi 66, § 3, *De evictionibus* (D. XXI, 2), dont les décisions, bien que formulées sur l'hypothèse d'un partage judiciaire, peuvent être étendues sans inconvéniens au partage conventionnel : « *actio dabitur,* nous dit Papinien, *ut quanti suâ interest actor consequatur; scilicet ut melioris aut deterioris agri facti causâ finem pretii quo fuerat tempore divisionis æstimatus, deminuat vel excedat.* »

Ainsi, en cas d'éviction, c'est au moment même du partage que l'on devra se reporter pour estimer la valeur du bien enlevé, et si l'on se demande sur qui retombera définitivement le paiement de l'indemnité due à raison de ce fait, un texte est là pour nous répondre qu'elle devra être répartie proportionnellement aux droits héréditaires de chacun entre tous les copartageants, y compris la victime même de l'éviction. (L. 14, *Familiæ erciscundæ*, C. III, 36.)

Quant à la garantie en matière de vices rédhibitoires, aucun texte, nous le reconnaissons, n'autorise expressément l'application de l'édit des édiles curules au partage conventionnel; mais, par cela même que l'obligation de garantie existait dans l'échange, elle devait naître également du partage, opération qui, basée essentiellement sur l'égalité, se fût trouvée, en cas contraire, faussée jusque dans son principe.

III. *Sanction civile du partage.* — Qu'il y ait eu éviction ou qu'il y ait eu découverte de vices rédhibitoires, un recours reste donc assuré à la partie lésée, tout aussi bien que si elle eût eu à souffrir de la violation des obligations de délivrance ou de translation de propriété. Comme dans l'échange, ce recours, à peine est-il besoin de le dire, consistera, le plus souvent, dans l'action *præscriptis verbis*, et la loi 14 : *Familiæ erciscundæ* (C. III, 36) ne fait, pour nous, que confirmer ce résultat depuis longtemps prévu, lorsqu'elle nous dit : « *Rectè possessionis evictæ detrimentum fratrem et cohæredem tuum pro parte agnoscere præses provinciæ per actionem præscriptis verbis compellet.* »

Le montant de la condamnation sera d'ailleurs ici ce qu'il est dans tous les cas d'application de l'action qui nous occupe, et, pas plus que la loi 14 dont nous venons de rapporter les termes, la loi 7, au Code (III, 38), ne nous apprend quoi que ce soit par ces mots : « *Quanti interest contra fratres agere potes.* »

L'action *præscriptis verbis* n'offre donc ici aucun intérêt particulier, et nous en pourrions dire autant de la *condictio ob rem dati*, que nous étendons sans hésitation au partage, s'il ne se présentait sur la portée de cette action une difficulté assez délicate.

Que la *condictio* fût admise en cas de partage d'objets individuels, c'est un point hors de doute, car, en pareil cas, chaque partie ayant effectué un véritable *do ut des*, si l'une d'elles ne reçoit pas ce qu'elle attendait de ses cocontractants, elle se trouve exactement dans la situation de l'échangiste qui n'a pas reçu l'équivalent de sa dation, et il est juste qu'elle ait, aussi bien que lui, le droit de préférer à l'action *præscriptis verbis* la *condictio ob rem dati.*

On comprend encore fort bien l'emploi de cette même voie judiciaire dans l'hypothèse très-fréquente où, les biens indivis n'étant pas tous susceptibles du même mode d'aliénation, le partage de la masse aurait été opéré au moyen d'une série de partages individuels. Il n'y a là, en effet, tout bien considéré, qu'un certain nombre d'échanges, à ce point indépendants les uns des autres, que la résolution de l'un d'eux, par le fait de la *condictio*, n'entraînera en aucune façon l'annulation des autres.

Il n'en sera plus de même dans le cas où, les biens indivis étant tous susceptibles du même mode d'aliénation, le partage de lamasse aura été fait par voie de lotissements.

Accorder ici au copartageant, évincé d'une partie de son lot et libre de se faire indemniser, par l'action *præscriptis verbis*, de tout le préjudice subi, la *condictio causâ datâ causâ non secutâ*, n'est-ce pas lui permettre de rétablir injustement l'indivision, en rejetant, dans une large mesure, sur ses copartageants, un cas fortuit auquel ils auraient dû rester étrangers? Nous ne le pensons pas, car c'est presque toujours, en définitive, à une faute ou à une erreur commune que remonte la cause première de l'éviction; et n'en fût-il pas ainsi, notre manière de voir ne se modifierait en rien. Et, en effet, que les biens composant chaque lot soient considérés comme un ensemble indivisible ou comme autant de choses isolées, en quoi cela pourra-t-il donc changer la situation du copartageant évincé d'un objet de son lot? Dans le premier cas, dira-t-on, il n'y aura plus qu'une éviction partielle, alors que, dans le second, il y aurait, au contraire, éviction totale. Soit, nous le voulons. Mais ces deux évictions ne donnent-elles donc pas lieu l'une et l'autre aux mêmes actions? et puisque c'est là un point incontestable, pourquoi refuser ici au copartageant lésé le bénéfice de la *condictio?* Craindrait-on, par hasard, qu'il ne profite indûment des améliorations qui ont pu venir accroître la valeur des autres lots? Mais, ici encore, on ferait fausse route, car de deux choses l'une : ou bien ces améliorations sont fortuites, et alors il n'y a aucune raison pour l'empêcher d'en profiter; ou bien elles résultent des dépenses faites par tel ou tel des copartageants, et celui-ci sera toujours à même de se faire indemniser par le demandeur, en repoussant, par l'exception de dol, son action en répétition.

Nous admettrons donc sans réserve l'exercice de la *condictio* dans le partage conventionnel, et nous terminerons nos explications sur ce contrat par la constatation de deux particularités, qui le sépareront quelque peu de l'échange et peuvent se formuler en ces termes :

1° L'action en rescision pour lésion devait être

accordée aux copartageants, sous cette seule condition que le préjudice fût de nature à rompre d'une manière appréciable l'égalité des lots (L. 3 au Code, III. 38);

2° En dépit de la loi 7 (C. III. 38), qui applique au partage une *cautio de evictione*, il est fort probable que la *stipulatio duplæ* n'était pas admise en cette matière ; car si elle se comprend aisément dans la vente, où chacune des parties n'a d'autre objet que la spéculation, elle ne s'expliquerait plus ici que difficilement, puisque, pour emprunter à M. Labbé l'expression rigoureuse de notre pensée, « la substitution d'une chance de gain ou de perte à l'exacte réparation du dommage éprouvé est contraire aux idées que nous nous faisons du partage et de sa nature. »

III

L'échange est à titre onéreux; la donation est à titre gratuit. C'est là entre ces deux contrats une différence si féconde en conséquences pratiques que toute tentative de rapprochement semble au premier abord impossible. Aussi est-ce simplement la donation *sub modo* que nous prétendons comparer ici à l'échange, en restreignant notre étude à l'hypothèse, où la condition mise à la libéralité qui fait l'objet principal du contrat consiste en une obligation de translation de propriété imposée au donataire en faveur du donateur lui-même.

Ici, en effet, l'analogie entre les deux opérations devient vraiment frappante, car si une personne a transmis à une autre la propriété du fonds Cornélien, sous la condition qu'elle en recevra en retour le fonds Sempronien, n'est-on pas fondé à voir là un échange ou une donation *sub modo* selon que l'auteur de la première dation aura agi ou non *animo donandi* et que l'importance de la charge par lui imposée à son cocontractant sera compatible ou non avec l'idée d'une aliénation libérale?

L'affirmative n'est pas douteuse, et les conséquences de cette assimilation se déduisent sans peine.

Comme l'échange, dirons-nous, la donation *sub modo* est un contrat synallagmatique et innommé, qui ne pouvant se former que par un fait d'exécution, rentrera, suivant la nature des prestations des deux parties, dans l'une ou l'autre des quatre catégories de Paul : *do ut des, do ut facias, facio ut des, facio ut facias.*

Dans la première hypothèse, dans celle-là même que nous avons envisagée spécialement jusqu'ici et qui doit seule nous occuper, les obligations réciproques qui naîtront à la charge des parties seront semblables de tous points à celles qu'engendre l'échange, et les deux recours judiciaires ouverts aux copermutants, la *condictio ob rem dati* et l'action *præscriptis verbis*, trouveront de même ici leur application naturelle (L. 2 *De condictione ob causam datorum*

C. IV, 6; L. 8 *De rerum permut.* C. IV, 64; L. 9 et 22 *De donationibus* VIII, 54). Mais ce n'est pas tout, et c'est ici que nous apparaît entre l'échange et la donation *sub modo* une différence capitale, le donateur, plus favorisé en cela que les copermutants, pourra encore, le cas échéant, agir contre les tiers par voie de revendication utile (L. 1 *De donat. quæ sub modo* C. VIII, 55) : disposition non moins exceptionnelle qu'injustifiable, car, s'il est vrai que l'ingratitude du donataire aliénant, sans exécuter les charges, l'objet qui lui a été donné *sub modo* est assurément plus blâmable que l'indélicatesse de l'échangiste transférant dans les mêmes conditions la propriété de la chose qu'il a reçue de son cocontractant, ce n'est pas là cependant une raison susceptible d'être équitablement invoquée contre le tiers acquéreur, qu'une présomption d'innocence devrait bien plutôt laisser dans les deux cas à l'abri de tout recours.

Qu'il suffise d'ailleurs, en terminant, d'avoir signalé cette anomalie, et, sans nous y arrêter plus longtemps, qu'il nous soit permis d'aborder immédiatement avec la seconde partie de cet ouvrage l'étude de l'échange dans l'ancien droit français.

DEUXIÈME PARTIE

ANCIEN DROIT FRANÇAIS

CHAPITRE I

DE LA NATURE ET DE LA FORMATION DU CONTRAT D'ÉCHANGE

I. Nature, caractères généraux et définition de l'échange. — II. Conditions de validité de ce contrat.

I

Telle que nous l'avons développée dans la première partie de cet ouvrage, la théorie romaine de l'échange, fondée sur une distinction injustifiable entre les simples pactes et les contrats, était évidemment en opposition trop directe avec la raison et l'équité naturelle pour pouvoir survivre bien longtemps à l'effondrement de l'empire des Césars.

Aussi ne manqua-t-elle pas de disparaître avec lui, et lorsque, quelques siècles plus tard, nous retrouvons enfin ses traces, elle ne nous apparait plus que complètement transformée, et, désormais basée sur un principe nouveau qui consacre civilement, quelle qu'en puisse être la forme, toute convention licite et librement formée, elle tient tout entière en germe dans ces quelques lignes de Pothier :

« La convention d'échanger, dès avant qu'elle » ait reçu aucune exécution, et aussitôt que le con- » sentement des parties est intervenu, produit de » part et d'autre une obligation civile, et elle est un » contrat consensuel de même que la vente. » (Traité de la vente, VIIe partie ; art. 5, n° 621.)

L'opinion Sabinienne triomphait donc enfin de la doctrine Proculienne sur un point important, et, le libre consentement des parties constituant désormais le seul élément essentiel à la formation de l'échange, une nouvelle définition devenait nécessaire, et c'est encore à Pothier que nous l'emprunterons provisoirement :

« L'échange, nous dit ce jurisconsulte, est un » contrat par lequel l'un des contractants s'oblige » à donner une chose à l'autre, à la place immé- » diatement d'une autre chose que l'autre con- » tractant s'oblige, de sa part, à lui donner. »

Juridiquement aussi exacte qu'elle est incorrecte au point de vue grammatical, cette définition a été fréquemment critiquée à tous égards, et M. Duvergier a proposé pour la corriger d'y effacer le mot *immédiatement*, sous prétexte qu'il impliquerait faussement la nécessité d'une remise simultanée des deux choses échangées (Livre III, titre VII).

Telle n'était pas cependant la pensée de Pothier, et les explications qu'il donne lui-même à ce sujet, ne peuvent laisser place au doute. Oui, dans sa préoccupation de bien distinguer de l'échange la dation en paiement survenue à la suite d'une vente, il a pu ne trouver sous sa plume qu'une expression malheureuse ou impropre, nous le reconnaissons volontiers, mais il n'en est pas moins constant que pour lui, le mot *immédiatement* était ici synonyme de *directement*, et que la seule idée qu'il ait entendu exprimer par là, c'est que les deux objets destinés à se remplacer mutuellement dans le patrimoine de chacun des copermutants doivent être substitués l'un à l'autre sans le concours d'aucun acte juridique intermédiaire.

Sauf réserve de sa rédaction, la définition de Pothier est donc inattaquable, mais comme elle sous-entend en quelque sorte les caractères généraux de l'échange au lieu de les mettre convenablement en lumière, nous la compléterons, en rectifiant ses termes, et nous la formulerons de la sorte :

L'échange est un contrat nommé, consensuel, synallagmatique parfait, commutatif et à titre onéreux, par lequel les parties s'obligent respectivement à se donner une chose pour une autre.

II

Cette nouvelle définition nous indiquant à la fois la nature et les caractères généraux de l'échange, il ne nous reste plus, pour être pleinement fixé sur ses éléments essentiels, qu'à rechercher la solution des deux questions suivantes :

1° Quelle doit être la capacité des copermutants?

2° Quelles choses peuvent faire l'objet d'un échange?

Sur la première question nous n'avons rien de particulier à dire, si ce ce n'est qu'en raison de l'obligation de translation de propriété qui incombe aux copermutants, chacun d'eux doit avoir non-seulement la capacité générale de contracter, mais encore la capacité spéciale d'aliéner.

Quant à notre seconde question, elle nous arrêtera un peu plus longtemps, car si, pour y répondre, il suffit en principe, de dire, comme en droit romain, que toutes les choses qui sont dans le commerce sont susceptibles d'être aliénées par voie d'échange, nous devons ici encore admettre une exception pour les choses qui, à raison de leur nature ou de quelque disposition législative ne pourraient faire l'objet des conventions privées, et c'est à ce titre que nous allons envisager successivement les fonds dotaux et les biens du domaine royal.

En ce qui concerne les fonds dotaux, le principe de l'inaliénabilité, tel que l'avait établi la loi *Julia*, dut les régir dès l'origine dans nos pays de droit écrit, et y prendre même à dater de la renaissance du droit romain, au XIIe siècle, l'extension que lui avait donnée Justinien. Aussi, les rares exceptions, apportées à ce principe en cas de vente, reposant toutes sur cette considération que la femme ou les deux époux se trouvent en présence d'un besoin d'argent très-pressant, est-il à croire que l'échange du fonds dotal ne fut jamais admis que dans la seule hypothèse, où une soulte était stipulée au profit du conjoint copermutant, et qu'en revanche, il dut en pareil cas être autorisé dans les mêmes conditions que la vente, peut-être même plus facilement qu'elle, puisqu'il ne portait à la composition de la dot immobilière qu'une atteinte relativement beaucoup moins grave.

Que si nous passons maintenant aux biens du domaine royal, le principe de l'inaliénabilité législativement consacré à leur égard pour la première fois dans la célèbre ordonnance de Moulins et originaire, suivant certains auteurs, d'Hugues Capet lui-même, se vit sensiblement atténué par un édit de 1711, par lequel Louis XIV, frappé des avantages que pourrait présenter dans certains cas l'échange des biens domaniaux, vint autoriser ces aliénations et déterminer les conditions auxquelles elles seraient subordonnées.

« Les contrats d'échange que le roi fait, dit à ce » propos le nouveau Denisard (1), sont actuellement » regardés comme valables, pourvu qu'ils soient » accompagnés de procès-verbaux d'évaluation des » terres prises et données en échange, et que, par » l'événement de ces évaluations, le roi se trouve » débiteur d'une soulte, parce qu'alors on regarde » ces échanges comme une amélioration et une » augmentation du domaine, et qu'il est permis de » faire sa condition meilleure. »

En résumé, pour les biens domaniaux comme pour les fonds dotaux, l'échange avec soulte était seul autorisé par la législation, et c'est là une constatation qu'il n'était peut-être pas inutile de faire, avant d'en arriver à étudier dans le prochain chapitre les obligations et les droits des copermutants.

(1) Nouveau Denisard, v. Domaine de la Couronne. § 7, n° 5.

CHAPITRE II

DES EFFETS JURIDIQUES ET DE LA SANCTION DU CONTRAT D'ÉCHANGE

I. Obligations et voies de recours engendrées par l'échange. — II. De la subrogation réelle. — III. Des retraits féodaux. — IV. Des profits seigneuriaux.

I

De même qu'en droit romain, les trois obligations de délivrance, de translation de propriété et de garantie naissaient, dans notre ancienne jurisprudence, du contrat d'échange; et, bien qu'imposées alors indistinctement à chacun des copermutants, elles n'appellent pas ici de bien longs développements.

Relativement à la première d'entre elles, la question des risques pourrait seule offrir quelque intérêt, mais la solution que nous avons adoptée en droit romain se retrouvant tout entière dans l'othier (Traité de la vente, VII° partie, n° 625), nous nous contenterons de rappeler que la chose due par chacun des deux échangistes était aux risques du créancier, et que, sauf les cas de convention contraire ou de mise en demeure préalable, le débiteur se trouvait libéré, si l'objet de sa dette venait à périr fortuitement ou par force majeure avant livraison.

Quant à l'obligation de transférer la propriété, elle n'avait également d'autres règles que les principes romains, et par application de la vieille maxime de Paul : « *Pedius ait alienam rem dantem nullam contrahere permutationem,* » celle des parties, qui, après livraison de la chose stipulée à son profit, s'apercevait qu'elle n'en avait pas été rendue propriétaire, pouvait à son gré, à raison de ce seul fait et indépendamment de tout trouble de droit, méconnaître sa propre obligation en restituant l'objet reçu, ou la considérer comme valable et maintenir ainsi le contrat, sous réserve dans l'un et l'autre cas de tout recours en dommages et intérêts.

Enfin, l'obligation de garantie n'offrait pas plus d'originalité que les deux précédentes, et le système d'actions organisé pour les sanctionner toutes les trois, n'était lui aussi dans ses traits généraux que la reproduction à peu près absolue du régime romain.

En effet, l'un des échangistes ne pouvait-il obtenir l'exécution effective des obligations de son co-contractant, deux voies judiciaires lui demeuraient ouvertes : l'une tendant à l'allocation d'une indemnité calculée sur l'intérêt qu'il avait à l'accomplissement de la prestation réciproque, était une action utile *ex empto*, qui, par suite de l'admission de l'échange au nombre des contrats nommés, se trouvait nécessairement substituée à l'action *præscriptis verbis* des Romains; l'autre, qui devait aboutir à la résolution du contrat, n'était autre que l'antique *condictio ob rem dati*, dont elle se distinguait cependant sur un point important, puisqu'au lieu de ne procurer au demandeur, comme autrefois à Rome, que le bénéfice d'une simple condamnation pécuniaire, elle le mettait au contraire en état de recouvrer sa chose en nature.

Maintenant faut-il, par une innovation d'une importance capitale, reconnaître à l'échangiste le droit d'intenter contre les tiers détenteurs eux-mêmes cette action en répétition, ou ne la lui accorder au contraire, comme en droit romain, que contre son co-contractant et les ayants cause universels et à titre universel de ce dernier : en un mot la *condictio ob rem dati* est-elle devenue mixte dans l'ancien droit français ou n'est-elle pas plutôt demeurée simplement personnelle ? Telle est la question délicate que le parlement d'Aix (1) tranchait par la distinction suivante :

(1) Arrêts des 21 décembre 1511 et 12 mai 1781.

Le demandeur agit-il en restitution de sa chose parce que le défendeur refuse de lui livrer la sienne, il ne peut, conformément à la L. 4 *de rerum permut.* (C. IV, 64), diriger son action contre les tiers, car, la tradition qu'il a faite étant supposée translative de propriété, le contrat s'est formé, et le défendeur, ayant acquis de ce fait la propriété de la chose livrée, a pu en conséquence l'aliéner non moins régulièrement.

Le demandeur fonde-t-il au contraire son action en restitution sur ce qu'ayant reçu lui-même la chose d'autrui, il n'en a pas été rendu propriétaire, il peut alors, le contrat ne s'étant formé qu'en apparence, agir par voie de revendication réelle contre les tiers, simples possesseurs de fait, auxquels le défendeur ne saurait évidemment avoir transmis des droits qu'il n'a lui-même jamais eus.

Mais la distinction qu'établissait ici le parlement d'Aix nous semble purement arbitraire, et de nombreux arrêts reproduits au répertoire de Merlin (1) permettent de considérer comme absolue la doctrine qui conservait dans tous les cas à la *condictio ob rem dati* le caractère exclusivement personnel que lui assignaient jadis, chez les Romains, et les principes généraux du droit (*Instit.*, *De actionibus*

(1) Grand Conseil, 30 août 1500 et 30 mars 1673; Parlement de Toulouse, 22 février 1731; Cour de Nîmes, 11 messidor an X; Cour de cassation, 15 prairial an XII.

§ 15) et la loi précitée (L. 4, *De rerum permut.* C. IV. 64).

Aussi, limitant aux seuls rapports entre les parties les effets de la règle *alienam rem dantem nullam contrahere permutationem*, nous en déduirons simplement que l'auteur d'une tradition non translative de propriété ne pouvait exiger en aucun cas l'exécution des obligations de son cocontractant, et, après avoir fait remarquer que, par une faveur à peu près injustifiable, l'action en rescision pour lésion d'outre-moitié était accordée au copermutant lorsque la chose qu'il avait aliénée était immobilière, nous résumerons, sans plus nous occuper de ce cas particulier, les explications que nous avons données sur la sanction civile de l'échange, en disant, que si chacune des parties avait à son choix contre l'autre deux voies de recours judiciaires, elle ne pouvait en revanche exercer aucune poursuite contre les tiers détenteurs, que rien n'obligeait personnellement à l'exécution du contrat.

II

L'échange, nous l'avons suffisamment indiqué dans le sommaire de ce chapitre, ne produisait pas exclusivement que des obligations civiles : il avait encore certains effets bien autrement originaux, et l'un des plus remarquables consistait dans la subrogation de choses ou subrogation réelle que Rénusson, au chapitre I de son Traité spécial sur la matière, définissait ainsi qu'il suit :

« Il y a subrogation de choses, quand une chose » prend la place de l'autre, et qu'elle est réputée » de même nature et qualité pour appartenir aux » mêmes personnes auxquelles celle-là apparte» nait. »

C'est à développer le sens de cette proposition que nous allons nous attacher, et la reprenant avec nos anciens auteurs sous la forme plus claire et plus concise que lui prête la langue latine, nous rechercherons tout d'abord les conséquences pratiques de la maxime : *Subrogatum capit naturam subrogati.*

§ 1. La première et en même temps la plus considérable de ces conséquences est formulée en ces termes par l'article 143 de la Coutume de Paris : « Si, nous dit-elle, aucun a échangé son propre héritage à l'encontre d'un autre héritage, l'héritage est propre de celui qui l'a eu par échange. »

Simple application du principe qui, distinguant au point de vue des successions entre les acquêts et les propres, protégeait ces derniers biens contre le droit de disposition du propriétaire par des institutions telles que la réserve coutumière et le retrait lignager, la subrogation à titre de propre du bien acquis au propre aliéné par voie d'échange était trop en harmonie avec les idées du temps pour qu'on puisse s'étonner de la voir admise par un grand nombre de Coutumes (1), et si, en plus d'un endroit, elle se trouvait exclue par un texte formel, si elle l'était encore implicitement dans le Hainaut par l'extension du retrait lignager à la matière de l'échange, nous croyons du moins qu'elle était applicable dans toutes les coutumes qui négligeaient de s'expliquer à son endroit, et nous nous appuyons, à cet effet, sur ces paroles de Rénusson : « L'article 143 de la Coutume de Paris, dit-il, a été » trouvé si raisonnable qu'il est devenu un droit » commun et une usance générale, autorisée par » les arrêts, dans les coutumes qui n'en parlent » point et qui n'ont point de disposition contraire. »

Il est vrai, Merlin (2) a combattu ce système avec talent et les objections qu'il lui oppose sont dignes de toute notre attention :

« La qualité de propre, nous dit-il, en effet, ne » se donne qu'aux biens recueillis par succession » *ab intestat*. Le ministère de l'homme est inca- » pable de produire des propres, peu importe le » mode d'acquisition. En vain, dit-on, que celui » qui échange n'a pas pour but l'aliénation du » propre mais l'acquisition d'une chose plus com- » mode. Sans doute l'échangiste n'a pas voulu » convertir son immeuble en argent, mais qui dit » qu'il n'a pas voulu convertir son propre en » acquêt ?

(1) Voir notamment Coutume d'Orléans, art. 385.

(2) *Repertoire;* subrogation de choses, § 11, n° 2.

» D'ailleurs, suivant les partisans mêmes de la
» subrogation, échanger ce n'est rien autre chose
» que vendre et remployer. On vend et remploie,
» dit Rénusson, quand on ne trouve pas occasion
» d'échanger. Or, la subrogation n'a point lieu de
» plein droit dans le remploi du propre aliéné.
» Pourquoi en serait-il autrement dans l'échange ?
» Il y a inconséquence à l'admettre, en présence
» de la connexité si étroite des deux contrats.
» On n'arrive là que par le moyen d'une fiction ;
» or, toute fiction est de droit étroit. Aussi de
» l'aveu de tous les auteurs, elle ne porte que sur
» la qualité de propre, dans les coutumes où elle
» est expressément admise. Si le contrat d'échange
» produisait par lui-même la subrogation, cette
» subrogation serait complète et non restreinte à
» la seule qualité de propre. Mais il n'en est rien,
» et l'effet spécial de la subrogation au cas de
» propres ne se produit que par suite de la dispo-
» sition formelle de la Coutume.
» Il ne semble donc pas possible d'étendre aux
» pays dont les Coutumes sont muettes, les dispo-
» sitions des Coutumes de Paris et d'Orléans rela-
» tives à la subrogation qui se produit à l'occasion
» de l'échange des propres. »

Toutefois, si spécieuse qu'elle puisse être, l'argumentation de Merlin ne saurait nous convaincre, et cela pour trois motifs différents.

En première ligne, s'il est incontestable, qu'en

aliénant un propre, l'échangiste pouvait n'avoir d'autre but que de le convertir en acquêt, il n'est pas moins certain que ce devait être là un cas relativement très-rare, et, la loi ne statuant le plus souvent que sur le *plerumque fit*, il était naturel qu'elle présumât, chez le copermutant qui aliénait un propre, l'intention d'acquérir en retour un bien de même nature et de même qualité.

En second lieu, l'argument que Merlin emprunte à la connexité de l'échange et du remploi ne nous touche pas plus que le premier, car, tout en admettant qu'il existe entre les deux opérations des rapports intimes, nous les voyons cependant séparées par des différences assez importantes pour pouvoir justifier sans peine celle qui devait résulter de l'application de notre système.

Et, en effet, lorsqu'un époux échange un de ses propres contre un autre immeuble, ce nouveau bien entre directement dans son patrimoine sans avoir préalablement passé par la communauté, sans s'y être confondu un seul instant, et de telle façon qu'une subrogation de plein droit s'explique pour ainsi dire d'elle-même. Dans le cas, au contraire, où, après avoir vendu l'un de ses propres, un époux veut acquérir en remploi un nouvel immeuble, il n'en peut prendre la valeur que dans la communauté, puisque c'est dans cette masse de biens qu'elle est nécessairement venue se confondre comme prix de l'aliénation précédente. On conprend donc ici, qu'au lieu de lui appliquer, comme précédemment, la subrogation de plein droit, on exige tout au moins de lui une déclaration expresse ayant pour but d'identifier, dans la mesure du possible, au bien antérieurement aliéné une valeur jusqu'alors absolument perdue dans la masse commune.

Enfin, pour en finir avec la réfutation du système de Merlin, nous ferons remarquer qu'il est bien plus hardi d'étendre, comme il le fait, dans une même Coutume une fiction d'un cas à un autre, que de l'étendre avec nous de la Coutume expresse de Paris, considérée par certains auteurs comme l'expression du droit commun, aux Coutumes restées muettes sur la question.

§ 2. Nous voici donc arrivé à conclure que, sauf disposition contraire, la qualité de *propre de succession* se transmettait à l'immeuble acquis en échange d'un propre immobilier : mais ce n'est pas assez dire, car tout propre de succession étant en même temps *propre de communauté*, la subrogation à cette dernière qualité s'opérait toujours accessoirement au profit du nouveau fonds, et c'est là la deuxième application de la subrogation réelle à notre matière.

§ 3. La troisième se rencontrait en cas d'échange d'un objet légué, et bien qu'elle ait été plus tard expressément supprimée par le Code Civil (article 1038), elle était autrefois si solidement établie, qu'il était admis par la jurisprudence du Châtelet que le legs d'une maison, ultérieurement aliénée par le testateur à titre d'échange, subsistait sur la rente acquise en retour par le *de cujus*.

§ 4. Enfin, quatrième et dernière application de la subrogation réelle, lorsque le mari aliénait par voie d'échange l'héritage sujet au douaire de sa femme, le bien reçu en retour remplaçait légalement l'ancien immeuble à tous égards.

Cette proposition ne soulevait aucun doute au cas où les objets échangés étaient d'égale valeur, car, n'ayant alors aucun intérêt à écarter la subrogation, la veuve, en refusant de la reconnaître, eût exposé injustement et sans profit pour elle les héritiers du mari à voir diriger contre eux par le coéchangiste de leur auteur une action en dommages-intérêts fondée sur l'éviction subie.

Mais il n'en était plus de même dans l'hypothèse où l'échange était très-avantageux pour les époux, et la question se posait alors en ces termes :

La veuve peut-elle exiger le nouvel immeuble pour son douaire, ou bien les héritiers du mari ont-ils, au contraire, le droit de la mettre en demeure de choisir entre un immeuble de même valeur que le fonds aliéné par son conjoint et l'intérêt de la juste valeur de ce fonds?

En faveur des héritiers, trois arguments pouvaient être invoqués :

1° Si l'échange avait été désavantageux, la femme n'aurait pas manqué de réclamer l'ancien héritage ou sa valeur, ce qui aurait nécessairement constitué les héritiers en perte. Il est donc équitable, puisqu'il se trouvent ainsi exposés à tous les risques de l'opération, de leur en laisser également, le cas échéant, tout le profit : *Quem sequuntur incommoda eumdem sequi debent et commoda.*

2° La plus-value de l'immeuble acquis est un conquêt qui ne saurait figurer dans le douaire.

3° Admettre les prétentions de la femme, ce serait autoriser le mari à lui faire des libéralités indirectes, en augmentant l'étendue de son douaire par des échanges avec soultes déguisées.

Mais à ces trois arguments, les partisans de la veuve opposaient non sans raison les trois réponses suivantes :

1° Puisqu'au cas d'égalité des objets échangés, on respecte l'opération accomplie, et que, pour soustraire les héritiers du mari à un préjudice imminent, on force la femme à conserver l'immeuble acquis, pourquoi lui refuser, en cas d'échange avantageux, un bénéfice, qui, ne diminuant en rien le patrimoine du mari, ne peut en conséquence nuire aucunement aux héritiers de ce dernier?

2° Il est inexact que la plus-value de l'immeuble acquis en échange constitue un conquêt, puisque l'immeuble aliéné ne l'était pas lui-même et que l'on ne peut scinder dans son application la maxime aux termes de laquelle « *permutatum capit naturam permutati* ».

3° Enfin, rien ne s'oppose à ce que le mari rende

meilleure la condition du douaire, pourvu qu'il ne fasse à cet effet aucun sacrifice de nature à constituer une libéralité déguisée, et s'il est incontestable que l'existence de soultes secrètes conférerait à ses héritiers, en vertu du principe « *fraus omnia corrumpit* » tous les droits qu'ils réclament, c'est du moins à eux qu'incomberait dans tous les cas la charge de la preuve, puisque le dol ni la fraude ne sauraient se présumer.

Cette réfutation de l'argumentation du mari ayant décidé Lebrun et Pothier à se prononcer en faveur de la veuve, nous ne pouvons mieux faire que d'adopter leur opinion, et nous la résumerons, en disant avec le dernier de ces auteurs que la subrogation se produisait ici dans tous les cas, à la seule condition que l'échange ne fût pas accompagné de soulte, et sans distinguer s'il portait sur deux immeubles d'égale valeur ou s'il pouvait offrir un avantage à la douairière.

Par là, nous en avons fini avec les cas d'application de la subrogation réelle ; il ne s'agit donc plus que de déterminer l'étendue de ses effets dans les diverses hypothèses que nous venons d'étudier, et c'est ce que nous essaierons de faire en limitant sa portée par trois observations.

Première observation. — La subrogation de l'immeuble acquis à l'imeuble aliéné à titre d'échange n'avait pas lieu en matière d'hypothèques, et le créancier conservait ainsi ses sûretés sur l'héritage cédé par son débiteur, tout en acquérant en vertu de son hypothèque générale les mêmes droits sur le nouveau fonds.

Deuxième observation. — La subrogation ne produisait ses effets que dans la limite des qualités juridiques, dont se trouvaient simultanément susceptibles les deux objets échangés.

C'est ainsi qu'une rente constituée, acquise en échange d'un héritage qui faisait partie des propres paternels, ne pouvait acquérir par la subrogation que cette seule qualité, sans y joindre aucunement celle de propre de retrait, dont elle n'était pas susceptible, et c'est une solution de tous points analogue que nous appliquerions à l'hypothèse inverse.

De même encore, au point de vue de la réserve coutumière, la subrogation réelle ne se produisait également que pour partie, si, possédant un propre en une Coutume qui permettait de disposer par testament du tiers des biens de cette nature, le propriétaire venait à l'échanger contre un autre immeuble situé dans une Coutume qui ne permettait pas de disposer au-delà du quint, car c'était toujours la loi de la situation que le testateur devait suivre en pareille matière.

Enfin, la subrogation ne pouvait encore être que partielle, si le bien reçu en contre-échange d'un propre était mobilier; car alors, parfaitement susceptible de se produire relativement à la qualité de propre de communauté, elle ne pouvait au contraire avoir lieu pour la qualité de propre de succession, exclusivement réservée en principe aux biens immobiliers.

Une exception remarquable était cependant apportée à cette règle par l'article 94 de la Coutume de Paris, qui, par une protection spéciale accordée aux mineurs, déclarait que les deniers provenant du rachat de leurs rentes ou les héritages acquis en remploi étaient censés, non-seulement de même nature qu'elles, ce qui d'ailleurs était évident pour la seconde hypothèse, mais encore de même qualité, ce qui constituait une dérogation fort équitable aux principes généraux.

Toutefois comme cette exception n'avait été introduite que dans l'intérêt exclusif des mineurs et aussi des furieux et interdits (1), elle cessait de s'appliquer en même temps que disparaissait sa cause justificative, et, du jour où prenait fin l'incapacité de l'individu que la loi couvrait ainsi de sa protection, la subrogation s'évanouissait sur-le-champ, faisant retomber pour toujours dans la classe des meubles ou des acquêts les deniers ou la chose mobilière qui en étaient provisoirement sortis.

Troisième observation. — La dernière limitation que nous apporterons aux effets de la subrogation consiste à dire qu'elle ne pouvait transférer d'un immeuble à un autre la qualité de fief.

(1) Rénusson. *Traité des propres*, ch. I, sect. X.

Il est vrai, l'article 290 de la Coutume du Maine, en décrétant que l'héritage reçu en échange serait partagé la première fois comme l'eût été l'héritage donné en échange, avait évidemment pour but d'étendre d'une manière spéciale les effets de la subrogation du droit commun; et, puisque, appliqué à la qualité de propre, il eût au contraire revêtu un caractère restrictif, la subrogation à cette qualité étant toujours absolue et non pas limitée au premier partage, il ne pouvait signifier qu'une chose, c'est que, sous son empire, une roture reçue en échange d'un fief recevait, mais la première fois seulement, application des règles féodales du partage.

Toutefois, en dépit de cette exception, la règle que nous avons posée n'en affectait pas moins un caractère à peu près général, et il est bien moins difficile d'en démontrer l'existence que de la justifier au point de vue juridique.

D'après Pothier, si, dans l'échange d'un bien roturier contre un bien féodal, les héritages conservaient respectivement leurs anciennes qualités, cela tenait à ce que, susceptible de porter sur une qualité extrinsèque, comme celle de propre, la subrogation n'aurait pu s'étendre à une qualité extrinsèque, comme celle de fief.

Mais cette distinction entre les qualités extrinsèques et intrinsèques des biens en matière de subrogation a été avec raison critiquée par Merlin, et nous n'acceptons pas davantage l'explication non moins arbitraire que proposait Lebrun, et d'après laquelle, la différence, qu'établissait ici le droit coutumier entre la qualité de fief et celle de propre, aurait tenu à ce que la première de ces qualités était accidentelle et variable avec la volonté du possesseur, tandis que la seconde était permanente et passait avec l'héritage en quelques mains que ce fût.

Rénusson a bien aussi prétendu justifier la règle que nous étudions, en disant que la qualité de fief intéressait les tiers, c'est-à-dire à ses yeux les seigneurs, tandis que celle de propre n'avait d'importance que pour le possesseur et pour ses héritiers; mais ce motif n'est pas encore bien satisfaisant, car s'il est vrai que les seigneurs avaient intérêt à ne pas perdre leurs droits sur l'héritage inféodé, ils n'étaient pas après tout les seuls tiers dans ces conditions, car les lignagers s'y trouvaient également de leur côté, en tant qu'ils avaient des intérêts opposés à ceux du disposant.

Peut-être cependant Rénusson a-t-il voulu marquer par là, que les seigneurs, munis d'un droit de retenue déjà né et actuel ou pour tout dire d'un démembrement de la propriété, savaient mieux sauvegarder leurs intérêts que les lignagers, dont le droit n'était en réalité que purement éventuel: et certes, il nous fournirait ainsi une raison historique qui ne serait pas sans valeur.

Mais quoi qu'il en soit de ce premier motif, il nous en donne un autre de beaucoup préférable, en nous disant que la subrogation est une fiction de droit étroit et non susceptible d'être étendue d'un cas à un autre.

Et, en effet, si, postérieurement à l'établissement du régime féodal, aucune disposition légale n'est venue étendre en matière de subrogation à la qualité de fief les dispositions antérieures relatives au caractère de propre, on comprend fort bien désormais que l'on n'ait pu raisonner par analogie d'un cas à l'autre, et cette seconde explication de Rénusson nous donnant enfin le nœud de la question, nous ne nous attarderons pas plus longtemps sur la subrogation réelle et aborderons immédiatement l'examen de l'échange au point de vue des retraits féodaux.

III

« Le droit de retrait, dit Pothier (1), n'est autre » chose que le droit de prendre le marché d'un » autre et de se rendre acheteur à sa place. »

Formulée sur l'hypothèse d'une vente, comme l'indique l'étroite expression d'*acheteur*, cette définition, bien loin de restreindre au contrat-type

(1) *Traité des Retraits* n° 1.

qu'elle considère l'application du droit de retrait, l'étend au contraire implicitement à un certain nombre d'actes juridiques très-voisins de la vente, et c'est à ce titre que nous aurons à en déterminer le sens en matière d'échange.

A cet effet, limitant notre étude aux trois retraits de droit commun des Coutumes, le retrait lignager le retrait féodal et le retrait conventionnel, nous commencerons par emprunter à Pothier la définition du premier et du plus important d'entre eux.

« Le retrait lignager, nous dit-il (1), c'est le » droit que la loi accorde aux parents du vendeur » d'un héritage, lorsqu'il est vendu à un étranger, » de s'en rendre acheteurs à sa place, et en consé- » quence de l'obliger à le leur délaisser, à la charge » de le rembourser et indemniser du prix et de » tout ce qu'il lui en a coûté pour l'acquisition.

» Il est appelé retrait lignager, parce que la loi » l'accorde aux lignagers, c'est-à-dire aux parents » de la ligne ou famille dont l'héritage est advenu » aux vendeurs,..... et il a son fondement dans » l'attachement qu'avaient nos pères aux biens qui » leur étaient venus de leurs ancêtres. »

Toujours inapplicable malgré la généralité des termes de Pothier et par une conséquence naturelle du dédain que l'on avait jadis pour les meubles, quelle qu'en fût la valeur, aux ventes ou

(1) *Traité de retraits*, n° 3.

échanges purement mobiliers, le droit de retrait ne pouvait pas avoir lieu davantage en principe dans le contrat d'échange à l'égard des immeubles (1), parce que l'unique but que se proposait la loi en l'accordant et qui n'était autre que d'empêcher la spoliation des familles, se trouvait déjà atteint dans l'espèce, grâce à l'application de la subrogation réelle.

Il semble donc au premier abord que le retrait lignager n'offrît en notre matière aucune application, puisqu'il ne pouvait être exercé ni sur les meubles ni sur les immeubles; mais il n'en est rien, et nous allons pouvoir nous en convaincre, en limitant par quatre restrictions importantes l'étendue de la règle.

Première restriction. — Et, d'abord, le droit de retrait s'exerçait incontestablement dans tous les cas où un immeuble était échangé, non plus contre un autre immeuble, mais bien contre des choses mobilières. Alors, en effet, le contrat était considéré comme équipollent à vente : fiction qui, pour être évidemment adoptée *contra rationem juris*, n'en constituait pas moins une précaution fort sage, puisque, s'il en eût été autrement, la facilité, avec laquelle on aurait pu dissimuler un prix de vente derrière une prestation d'objets mobiliers aisément susceptibles d'être convertis en deniers, aurait favorisé la

(1) Pothier. *Retraits*, n° 89.

fraude et permis d'éluder impunément la loi du retrait.

Il est vrai, Dumoulin soustrayait à l'application de ce principe d'exception les échanges d'immeubles contre les meubles rares et précieux, dont la transformation en argent était difficile ; mais, outre que les termes absolus de la Coutume n'autorisent aucunement cette distinction, elle nous paraît encore condamnée par les deux considérations suivantes :

1° La facilité de la conversion des biens mobiliers en espèces n'était pas, comme le disait fort bien Pothier, la seule raison qui eût amené la jurisprudence à soumettre au retrait l'échange d'un héritage contre des meubles.

2° La qualité de propre ne pouvant point passer à des biens mobiliers, les lignagers n'eussent plus retrouvé dans le patrimoine de l'aliénateur les valeurs qui, représentant le bien aliéné, auraient dû leur revenir comme propres de succession.

Deuxième restriction — En résumé, le principe que nous avions posé reste donc intact, et c'est par une combinaison de ses dispositions avec celles qui régissent les échanges purement immobiliers que Pothier établissait, dans l'hypothèse de l'échange d'un héritage contre une rente constituée, la distinction suivante :

Ou bien la rente était réputée meuble par la Coutume, et, ce cas rentrant dans celui que nous venons d'étudier, il y avait alors, comme dans tout échange d'immeuble contre meubles, un contrat équipollent à vente et par cela même soumis au retrait ;

Ou bien la rente était réputée immeuble par la Coutume, et, le contrat ne constituant alors qu'un échange d'immeuble contre immeuble, le retrait ne pouvait avoir lieu.

Ce système avait cependant contre lui deux objections assez embarrassantes.

La première, fondée sur ce qu'il permettait de dissimuler aisément sous les apparences d'une constitution de rente un véritable contrat de vente, n'était pas en réalité bien solide, car, s'il est vrai que « *fraus omnia corrumpit* », en revanche la seule crainte de fraudes possibles ne devait évidemment pas permettre de forcer le texte des Coutumes.

Quant à la seconde objection, bien autrement sérieuse que la première, elle s'appuyait sur ce motif que, les rentes constituées étant déclarées non sujettes au retrait par les Coutumes mêmes qui les réputaient immeubles, le système de Pothier aboutissait à créer, après l'échange, aux lignagers une situation bien inférieure à celle qu'ils avaient avant le contrat, puisqu'il leur refusait sans compensation l'exercice du droit que la loi leur accordait expressément en cas de vente.

A ces objections, Pothier répondait deux choses : « Et d'abord, disait-il, si les rentes ne sont pas

» sujettes à retrait, on n'en doit pas conclure qu'en » matière de retrait elles sont réputées meubles, » mais seulement que la coutume ne soumet pas » au retrait tous les immeubles »; ce qui revient à dire que sous le nom d'héritages la loi ne comprenait exclusivement que les immeubles réels, et non les immeubles fictifs, tels que les rentes.

En second lieu, il n'est d'ailleurs nullement nécessaire, pour proscrire l'exercice du retrait que les lignagers obtiennent par l'aliénation que fait leur auteur l'équivalent exact de ce qu'ils perdent, puisque, dans la donation où ils se voient complètement dépouillés de tous droits, ils ne sont cependant pas admis à invoquer ce bénéfice.

Au surplus, quoi qu'il en soit des arguments par lesquels Pothier repoussait les objections opposées à son système, il n'en est pas moins certain que sa doctrine était consacrée par la jurisprudence, et nous estimons même qu'elle dut, aussi, s'appliquer aux *offices* par analogie de motifs.

Enfin, n'eût-elle encore pour elle aucun des arguments qu'elle invoque, nous nous expliquerions néanmoins sans difficulté la distinction qu'elle établit, car, ainsi que le fait remarquer Pothier lui-même, le droit de retrait, étant un droit rigoureux, ne peut s'étendre d'un cas à l'autre, et si, pour éviter des fraudes possibles, la jurisprudence avait cru devoir l'appliquer *contra rationem juris* à l'échange d'un héritage contre des meubles, il n'y avait en revanche aucun motif plausible pour l'étendre encore à l'échange d'un fonds contre des rentes constituées réputées immeubles.

Troisième restriction. — Très-exacte en thèse générale, cette dernière assertion cessait cependant d'être vraie, au cas où le contrat n'avait d'autre but que de déguiser une vente. Dans tout échange, en effet, la découverte d'une pareille fraude entraînait avec elle l'exercice du retrait, et ce droit se fondait même parfois à cet égard sur de simples présomptions légales formellement exprimées par certaines Coutumes.

C'est ce qui avait lieu notamment dans les coutumes d'Orléans (art. 386) et de Normandie (art. 461), lorsque l'héritage donné en contre-échange par l'acquéreur lui était revendu dans l'an du contrat, et ce que Pothier n'hésitait pas à étendre aux Coutumes restées muettes sur ce point, tant cette présomption de fraude lui paraissait « bien fondée en grande raison ».

C'est ce qui se produisait encore dans la Coutume d'Anjou (art. 354), lorsque l'un des copermutants s'était obligé à racheter ou faire racheter par d'autres moyennant une certaine somme d'argent, l'héritage ou la rente qu'il avait aliénée en contre-échange.

C'est enfin ce qui arrivait également d'après la Coutume du Bourbonnais, si l'une des parties était demeurée en possession de la chose qu'elle avait elle-même donnée en retour à son cocontractant.

Quatrième restriction. — Dans toutes ces hypothèses et dans une foule d'autres moins générales, le droit de retrait était donc formellement reconnu applicable à notre matière par un bon nombre de Coutumes : nous allons rechercher maintenant s'il pouvait encore être invoqué dans l'échange avec soulte, et, le cas échéant, dans quelle mesure il pouvait l'être.

Unies par une étroite connexité, ces deux questions recevaient de tous côtés les solutions les plus diverses, et, bien que l'on s'accordât généralement à admettre en principe l'exercice du retrait, on se séparait sur les conditions que l'opération devait présenter pour en bénéficier, et c'est à cet égard que nous allons distinguer trois systèmes différents.

Premier système. — Pour que l'échange avec soulte donne ouverture au droit de retrait, il faut que la soulte ait une valeur supérieure ou au moins égale à celle de l'héritage auquel elle est jointe.

C'était la doctrine des Coutumes de Paris (art. 145), d'Orléans (art. 384), de Mantes, etc., et elle était également adoptée, mais avec limitation légale de l'écart qui devait exister entre le montant des deux objets, par les Coutumes de Bordeaux, Melun, Clermont, etc.

Deuxième système. — Il n'est pas nécessaire que le montant de la soulte soit supérieur ou égal à la valeur de l'héritage auquel elle est jointe; il suffit qu'il ne soit pas inférieur au tiers de cette valeur. (Coutume de Bretagne, art. 316.)

Troisième système. — Il faut et il suffit qu'il y ait une soulte, quelque minime qu'elle soit.

Telle était la décision des Coutumes de Normandie et de Montargis, et vraisemblablement aussi celle des Coutumes qui exprimaient simplement sous forme négative, « *qu'il n'y avait lieu au retrait en échange but à but et sans soulte.* » (Coutume de Senlis, art. 224.)

De ces trois systèmes, le premier était considéré comme constituant le droit commun et généralement suivi dans les Coutumes restées muettes sur la question.

Mais si les Coutumes de Paris et d'Orléans se rencontraient sur le principe qu'il établit, elles se séparaient en revanche absolument dans l'application qu'elles en faisaient : car, tandis que la première n'admettait le retrait que jusqu'au prorata de la soulte (art. 145), la seconde, au contraire, l'accordait expressément pour le total (art. 384).

A cet égard, le système de la Coutume de Paris, qui revenait à regarder l'opération simultanément comme une vente et comme un échange dans la proportion déterminée par les valeurs relatives de la soulte et de l'héritage qu'elle accompagnait, s'appuyait sur les trois considérations suivantes:

1° A l'analyser rigoureusement, le contrat n'a

évidemment le caractère d'une vente que dans la proportion de la soulte.

2° Ce n'est que dans cette même proportion que la famille du créancier de la soulte n'est pas indemnisée par l'effet de la subrogation réelle.

3° L'application du système du retrait total serait contraire à la maxime « *Nemo invitus rem suam vendere cogitur* », car elle obligerait à ne recevoir en définitive que de l'argent une personne qui n'a nullement entendu faire un contrat de vente, mais uniquement un échange.

A cette argumentation les partisans de la Coutume d'Orléans, qui faisait effectivement de l'échange avec soulte une vente pour le tout, opposaient avec Pothier le raisonnement suivant :

1° La nature d'un contrat doit se régler exclusivement sur le caractère de l'opération qui y prédomine, et non sur aucune autre considération.

2° L'argument tiré, dans le système de la Coutume de Paris, de la maxime « *Nemo invitus rem suam vendere cogitur* » est plus spécieux que solide, car l'acheteur qui a bien dû voir, d'après l'importance de la soulte, que le contrat était soumis au retrait, ne peut de bonne foi s'étonner que l'on vienne invoquer ce droit contre lui ni prétendre en conséquence qu'il reçoit malgré lui les deniers du retrayant.

3° L'application du système de la Coutume de Paris serait pleine de difficultés et d'embarras par suite du partage qu'elle nécessite entre l'acheteur et le retrayant.

Pour les motifs que nous venons d'exposer, la doctrine d'Orléans nous paraît bien préférable à l'autre : aussi l'adopterons-nous sans réserve, en signalant une dernière différence qui la séparait encore pratiquement des systèmes de la Coutume de Paris et que nous formulerons en ces termes :

La Coutume de Paris n'admettait le retrait qu'au profit des lignagers de la partie qui recevait la soulte; la Coutume d'Orléans, au contraire, accordait également à la famille de l'autre échangiste l'exercice de ce droit.

Nous ne chercherons pas à expliquer cette nouvelle différence, car ici, la décision de la Coutume d'Orléans est, nous le reconnaissons, absolument injustifiable, puisque l'échangiste qui paie la soulte n'est, au moins pour partie, autre chose qu'un acheteur et que jamais acheteur ne peut exercer le retrait lignager : aussi nous n'insisterons pas autrement sur cette anomalie, et nous terminerons ce chapitre par quelques indications sommaires sur le retrait seigneurial et le retrait conventionnel, qui, bien moins importants à notre point de vue que le retrait lignager, étaient cependant appliqués en matière d'échange dans la plupart des Coutumes.

Le droit de retrait seigneurial, pour commencer par le plus intéressant des deux, était le droit qu'avait le seigneur, en cette seule qualité, de prendre à son compte, lorsque l'héritage mouvant de lui venait à être aliéné, le marché de l'acquéreur.

En raison même de son origine qui se rattachait au caractère jadis purement personnel des concessions foncières, ce droit se subdivisait en retrait féodal et retrait censuel, suivant qu'il portait sur un fief ou sur une censive, et s'exerçait, on peut le dire, dans toutes les Coutumes.

Quant au droit de retrait conventionnel, qu'il faut se garder de confondre avec le pacte de rachat susceptible de s'adjoindre à la vente, c'était ici le droit qui naissait de la convention, par laquelle l'aliénateur d'un héritage se réservait ainsi qu'à ses successeurs la faculté de prendre pour soi le marché de quiconque recevrait cet héritage, à titre de vente ou à tout autre titre équivalent, des mains du premier acquéreur même ou de ses successeurs.

Les règles, que nous avons posées à propos du retrait lignager, s'appliquaient d'ailleurs généralement aux deux autres retraits de droit commun, et les principales différences qui les séparaient peuvent se ramener aux trois suivantes :

1° Dans le retrait seigneurial et le retrait conventionnel, la qualité de propre n'étant plus d'aucune considération (1). ils pouvaient porter l'un et l'autre sur des immeubles non susceptibles de retrait lignager.

(1) Pothier, *Retraits*, n° 551.

2° Le retrait seigneurial et le retrait conventionnel pouvaient être introduits par les titres d'acquisition dans des contrats, où la loi n'admettait pas le retrait lignager.

3° Les droits de retrait seigneurial ou conventionnel ne subissaient jamais aucune atteinte d'une aliénation faite par décret, tandis que cet acte rendait ultérieurement impossible dans certaines Coutumes l'exercice du retrait lignager.

Cette dernière différence peut au premier abord paraître assez étrange, mais elle s'explique cependant fort bien par cette considération, que l'exclusion légale du retrait lignager ne méconnaissait en l'espèce aucun droit né et actuel, tandis qu'il en eût été tout autrement, si l'on eût supprimé de même le retrait conventionnel ou le retrait seigneurial.

Dans le premier cas, en effet, il eût été souverainement inique d'anéantir sans aucune indemnité un droit qui ne s'acquérait le plus souvent qu'à titre onéreux ; dans le second cas, l'on eût porté atteinte à l'un des privilèges du seigneur, et, bien que ce ne fût certainement pas le plus important de ceux dont il jouissait, il eût été néanmoins bien difficile, pour ne pas dire impossible, d'introduire une disposition aussi hardie dans une législation qui sanctionnait sans résistance l'existence de droits aussi manifestement abusifs que les profits seigneuriaux.

IV

Originaires de l'époque la plus reculée, les profits seigneuriaux ou redevances payés par le tenancier lors de chaque mutation de l'héritage concédé, portaient les noms spéciaux de *profits féodaux* ou *profits censuels*, selon qu'ils étaient dus à raison d'un fief ou d'une censive, et demandent à être envisagés successivement à grands traits sous chacun de ces deux aspects.

§ 1. Parmi les mutations qui donnaient ouverture aux profits féodaux, les unes, celles qui s'opéraient par décès donnaient lieu au profit de *relief* ou de *rachat*; les autres, celles qui s'effectuaient entre vifs entraînaient l'exercice du droit de *quint* (*quinta pars pretii*).

Bien que cette dernière redevance ne fût exigible en principe qu'en cas de vente du fief servant, elle était cependant encore acquittée à l'occasion de tous actes « *zélés de vente* » ou « *équipol-* » *lents à vente* », ce qui revient à dire qu'elle était applicable, d'une part, à l'échange avec soulte, puisque ce contrat était partout considéré comme vente au moins jusqu'à concurrence des *tournes*, et, d'autre part, à l'échange d'un héritage contre des meubles, puisque cette opération était à tous égards assimilée à la vente.

Inversement, l'échange d'un fief contre un autre

immeuble n'étant pas regardé comme équipollent à vente, elle n'était pas due à raison de ce contrat, et il en était ainsi même lorsque le bien reçu en retour du fief n'était qu'un immeuble fictif, tel qu'une rente constituée, sous réserve toutefois du concours des trois conditions suivantes :

1° La constitution de rente devait être réelle et non simulée, car autrement, il n'y aurait plus eu, au lieu d'un échange, qu'un acte à titre gratuit.

2° Le débi-rentier ne pouvait être qu'un tiers, sans quoi l'opération eût dégénéré en une véritable dation en paiement.

3° Le remboursement de la rente ne devait pas être exigible à l'époque même du contrat, car, constituant réellement en pareil cas une aliénation à prix d'argent, il eût justifié, d'après les principes qui régissaient la matière, la perception du profit de quint.

Bien plus, il ne s'appliquait même pas au cas où l'acquéreur du fief, après s'être engagé à *fournir et faire valoir la rente*, venait néanmoins à la rembourser pour se libérer de son obligation ; car, l'argent qu'il versait alors n'étant pas donné à titre de prix, il n'y avait aucune raison pour traiter au point de vue fiscal l'opération sur le pied de la vente.

Mais si certaines mutations entre vifs échappaient ainsi au paiement du profit de quint, les mutations par décès étaient en revanche soumises avec plus de rigueur au profit de relief ou de rachat, puisque cette redevance, véritable prix de l'approbation donnée par le seigneur au choix que le tenancier faisait d'un successeur, avait lieu, non-seulement, dans l'échange avec soulte jusqu'à concurrence de l'héritage joint à la tourne, mais aussi pour le tout dans l'échange but à but.

Il était cependant fait exception à la règle, pour le cas où les héritages échangés se trouvaient tous les deux sous une même tenure féodale, car alors, subrogés réellement l'un à l'autre, ils pouvaient être considérés comme n'ayant pas été aliénés, puisqu'il n'y avait pas eu *mutation d'homme* et que le seigneur conservait tout à la fois, en dépit de l'échange intervenu, et les mêmes fiefs et les mêmes vassaux (1).

§ 2. Que si, des biens nobles, nous passons maintenant aux biens roturiers, ne pouvant guère que reproduire à leur égard ce que nous venons de dire sur le profit de rachat en matière de fiefs, nous nous bornerons à signaler trois points, sur lesquels le profit censuel correspondant au droit de quint se distinguait de cette redevance féodale.

1° Au lieu de s'appeler droit de quint, il portait le nom de *droit de lods et ventes*.

2° Sa quotité n'était que du douzième du prix, et non plus du cinquième comme pour les fiefs.

(1) Coutume d'Orléans, art. 13; Pothier. *Traité des fiefs*, t. II, partie II, ch. I, art. 3; Dumoulin. N° 83, *Glos.* N° 4.

3° Exigible en principe à l'occasion des seules mutations, qui entraînaient à l'égard des biens nobles le paiement du quint, il s'étendait encore ici, par une singulière dérogation à ce principe d'étroite corrélation, à l'échange but à but, pourvu toutefois que les deux héritages aliénés fussent compris en différentes censives, car, au cas contraire, il n'y avait plus lieu au profit de lods et ventes que s'il y avait tournes et simplement jusqu'à concurrence de leur valeur.

Telles étaient du moins les dispositions de la Coutume d'Orléans, et si nous leur attachons ici quelque importance, c'est qu'elles formaient souvent le droit commun, ainsi que nous avons déjà pu nous en convaincre et que nous allons pouvoir le constater de nouveau dans le prochain chapitre.

CHAPITRE III

COMPARAISON DE L'ÉCHANGE AVEC DIVERSES OPÉRATIONS JURIDIQUES.

Comparaison : I. Avec la vente. — II. Avec le partage. — III. Avec la donation.

Une comparaison détaillée entre l'échange et les diverses opérations juridiques que nous avons mises en parallèle avec lui dans la première partie de cet ouvrage serait ici pour le moins superflue, puisque la plupart des points que nous pourrions avoir à examiner ont été déjà traités en droit romain ou trouveront bientôt dans notre étude de droit civil une place plus naturelle. Nous nous bornerons donc ici à la constatation des quelques particularités qui pouvaient résulter à notre point de vue spécial des dispositions les plus caractéristiques de la législation coutumière, et c'est seulement sous le bénéfice de cette restriction que nous rapprocherons successivement de l'échange dans trois paragraphes distincts : 1° la vente ; 2° le partage et 3° la donation.

I. En ce qui concerne le premier de ces actes juridiques, il n'y a guère que deux différences d'un caractère assez original pour être mentionnées.

1° Tandis que, dans la vente, la subrogation réelle ne se produisait qu'exceptionnellement, dans l'échange, au contraire, il avait lieu en principe, ainsi que nous l'avons démontré au cours de notre précédent chapitre.

2° Tandis que la vente donnait ouverture au retrait lignager, lorsqu'elle portait sur un propre immobilier ; au retrait féodal et au droit de quint, quand elle avait un fief pour objet ; et enfin au profit de lods et ventes, s'il s'agissait d'une censive, nous avons vu, au contraire, que l'échange n'obéissait pas aux mêmes règles quant à l'application des trois retraits de droit commun et des profits seigneuriaux.

II. Que si nous passons maintenant de la vente au partage, et qu'après avoir constaté la transformation de cette opération jadis chez les Romains attributive et translative de propriété en un acte juridique purement déclaratif, nous cherchions à le rapprocher de nouveau de l'échange, nous ne lui trouvons plus avec ce contrat qu'une analogie très-lointaine, comme le prouveraient au besoin les différences suivantes :

1° Tandis que le partage n'était jamais soumis aux retraits, il en était autrement de l'échange en certains cas.

2° Pendant que la coutume d'Orléans, et avec elle le droit commun des pays coutumiers, assujettissaient aux profits seigneuriaux les échanges avec soulte, cette même Coutume édictait, au contraire, et avait fait adopter presque partout la règle qu'il n'était dû pour partage aucun profit de fief, même quand il y avait tournes.

III. Abandonnant donc dès à présent le partage, nous n'aurions plus, pour achever notre programme, qu'à comparer l'échange avec la donation ; mais, ici encore, nous ne pourrions guère relever que des différences assez peu intéressantes sur l'application des retraits de droit commun et des profits seigneuriaux, et nous préférons en conséquence clore sans autres détails notre étude de l'échange dans l'ancien droit français.

TROISIÈME PARTIE

DROIT CIVIL FRANÇAIS

CHAPITRE PREMIER

DU CONTRAT D'ÉCHANGE

I. Caractères et définition. — II. Modalités. — III. De la forme et de la preuve.

I

Si le législateur romain, par un respect exagéré du formalisme antique, crut devoir maintenir à toute époque entre les pactes et les contrats une distinction injustifiable, le droit coutumier du moins, plus libéral et plus juste, n'avait pas hésité, ainsi que nous en avons eu dans la deuxième partie de ce travail la preuve irrécusable, à consacrer civilement toute convention licite et librement formée.

Effet tardif de la réaction incessante de l'équité contre l'arbitraire de la législation positive, cette innovation constituait assurément une conquête trop précieuse pour pouvoir jamais être abandonnée dans la suite. Aussi ne saurions-nous nous étonner que les rédacteurs du Code Civil en aient sans discussion adopté le principe, et qu'après avoir reconnu d'une manière générale le caractère consensuel de tous les contrats, ils viennent, au point de vue spécial qui nous occupe, nous dire textuellement dans l'article 1703, que « l'échange s'opère par le seul consentement de la même manière que la vente ».

Toutefois, si considérable que fût déjà le chemin parcouru sur la voie du progrès juridique, un pas restait à faire; les formalités solennelles étaient bien, il est vrai, reconnues inutiles, sauf exceptions, à la création des obligations contractuelles, mais elles subsistaient encore dans la plupart des Coutumes comme un élément essentiel à l'existence civile de toute aliénation, et c'est au législateur moderne qu'était réservé l'honneur de supprimer définitivement la nécessité du transfert réel et apparent.

Trop ardent tout d'abord dans la réalisation de cette réforme, puisqu'il se vit plus tard amené à en restreindre sensiblement la portée (loi du 23 mars 1855), il posa du moins dès l'origine, dans l'article 1138, le principe d'après lequel, la convention, non contente d'étendre ses effets à la création ou à l'extinction des obligations, suffit encore à opérer en certains cas une translation de propriété, et c'est par une application directe de cette règle nouvelle à une espèce particulière qu'il nous donne notamment, dans l'article 1702, la définition suivante : « L'échange est un contrat par lequel les parties se donnent respectivement une chose pour une autre », définition dont la combinaison avec les explications que nous avons déjà fournies sur l'article 1703, nous permet d'établir ainsi qu'il suit les principaux caractères généraux de l'acte juridique que nous étudions.

1° L'échange est un contrat consensuel;

2° Essentiellement productif d'obligations, comme toutes les conventions analogues, il est de plus naturellement translatif de propriété.

A ce propos, il peut sembler étrange au premier abord, qu'après avoir formulé sans restriction le principe de l'abolition du transfert réel et apparent, nous en venions ici limiter la portée, en ne voyant dans son application à l'échange qu'un effet naturel et non plus essentiel de ce contrat. Rien n'est pourtant moins arbitraire que cette distinction, et c'est au contraire la conséquence nécessaire de l'incertitude que les parties peuvent laisser subsister sur les résultats définitifs de la convention, lorsqu'elles en suspendent par une modalité quelconque l'exécution immédiate.

C'est ce qui se produit notamment, lorsque l'échange porte sur les objets suivants :

a. Des choses déterminées seulement *in genere ;*

b. Des corps certains, dont le promettant prend soin de se réserver la propriété pendant un certain temps ;

c et *d.* Des corps certains, promis et stipulés sous une alternative, ou même encore purement et simplement, mais en supposant alors qu'ils n'appartiennent pas au débiteur.

Dans tous ces cas, on le voit, une translation de propriété, concomitante à la formation du contrat lui-même, est matériellement impossible, et nous aurons à tirer de là une certaine modification dans la définition de l'échange, lorsque nous en aurons fini avec l'énumération de ses principaux caractères.

Il nous en reste d'ailleurs un certain nombre à examiner, et le troisième qui se présente à nous peut se formuler de la sorte :

3° L'échange est un contrat synallagmatique, c'est-à-dire une de ces conventions par lesquelles les contractants s'obligent réciproquement les uns envers les autres (art. 1102 C. C.).

Telle est la signification qu'attache au mot « respectivement » l'article 1703, et dont les conséquences pratiques vont se traduire pour nous en deux propositions nouvelles, savoir :

4° A. L'échange est un contrat à titre onéreux :

caractère qui, après avoir entraîné jadis à la charge de chacune des parties la naissance de l'obligation de garantie et l'admissibilité de l'action en résolution pour lésion, ne produit plus aujourd'hui, comme nous aurons prochainement occasion de le voir, que le premier de ces effets (art. 1708).

5° B. L'échange est un contrat naturellement commutatif, chacune des parties entendant généralement recevoir l'équivalant à peu près exact de ce qu'elle donne; mais rien ne s'oppose à ce qu'il revête en certains cas un caractère aléatoire, et il serait par exemple parfaitement valable si, l'une des parties ayant stipulé en retour d'une dation quelconque le profit d'un coup de filet, la pêche restait par le seul effet du hasard complétement infructueuse.

Au reste, ces trois propositions, que nous venons de tirer du mot « respectivement » employé par l'article 1703, ne sont pas les seules conséquences qui se puissent déduire des expressions mêmes de ce texte.

6° Les mots « une chose pour une autre » nous permettent encore de découvrir un des caractères les plus importants de l'échange et de le séparer nettement de la vente.

Alors, en effet, que, dans ce dernier contrat, chacune des parties s'oblige à transférer un objet différent : le vendeur une chose en nature et l'acheteur un prix en argent, les deux copermutants, au contraire, se transmettent réciproquement une chose en nature autre que de l'argent monnayé.

7° Enfin, dernier caractère sur lequel nous n'avons pas autrement à insister, l'échange, à la différence de ce que nous avons constaté en droit romain, est pour le Code civil un contrat nommé, puisque ce recueil législatif lui consacre un titre spécial. Ce n'est dès lors qu'en l'absence de dispositions particulières à cet acte juridique, que nous devrons en rechercher les règles, soit, conformément aux termes de l'article 1107, dans l'application du droit commun des obligations conventionnelles, soit dans une extension des principes de la vente formellement autorisée par l'article 1707.

Avant tout, nous croyons devoir résumer en quelques mots les développements compris dans cette première section, et complétant à cet effet la définition que nous donne le Code en son article 1702, nous la formulerons comme suit :

L'échange est un contrat nommé, consensuel, synallagmatique, à titre onéreux et naturellement commutatif, par lequel les parties se donnent ou s'obligent à se donner respectivement une chose pour une autre.

II

Les termes de la définition que nous venons d'adopter pour l'échange, suffiraient seuls à montrer que, si ce contrat est le plus souvent pur et simple, il peut cependant être affecté, comme tout acte générateur d'obligations contractuelles, de certaines modalités; mais les textes mêmes autorisent cette conclusion, et nous n'avons guère qu'à étendre à notre matière, en vertu de l'art. 1707, ces paroles formelles de l'art. 1584 : « La vente peut être faite purement et simplement ou sous une condition, soit suspensive, soit résolutoire.

« Elle peut aussi avoir pour objet deux ou plusieurs choses alternatives. »

Ainsi, comme dans la vente, les parties seront libres, dans l'échange, de subordonner à l'arrivée ou à la défaillance d'un évènement futur et incertain l'existence du contrat.

De même encore, elles pourront stipuler le bénéfice d'une clause de réméré, sous réserve toutefois des prescriptions de l'art. 1660, qui limite à cinq années le délai maximum, accordé pour l'exercice de la faculté de rachat. Enfin, par une extension naturelle des termes de l'art. 1584, qui n'offre en rien le caractère d'une énumération limitative, non-seulement l'échange pourra avoir pour objet deux ou plusieurs choses alternatives; mais encore les obligations qu'il engendre pourront être, au gré des conventions des parties, facultatives, accompagnées d'un terme ou d'une clause pénale, ou bien encore munies de garanties accessoires, telles que la solidarité, le cautionnement, l'hypothèque, et d'une manière générale, toutes espèces de sûretés personnelles ou réelles.

III

Tel que nous l'avons défini jusqu'ici, l'échange nous est apparu comme un acte juridique qui « s'opère par le seul consentement de la même manière que la vente », et qui, ne rentrant à aucun titre dans la catégorie des contrats solennels, semble devoir être dispensé de tout assujettissement à des formes légalement déterminées.

La conclusion contraire pourrait cependant s'induire rigoureusement des termes de l'article 1582, qui, en décrétant que « la vente peut-être faite par acte authentique ou sous seing-privé », parait déclarer par là-même inapplicable à ce contrat et par suite à l'échange tout autre mode de formation.

Il n'en est rien pourtant, car cette disposition n'ayant sans doute eu d'autre but que d'abroger l'usage de certains pays, où la validité des ventes d'immeubles dépendait de la confection d'un acte authentique, tous les auteurs, bien loin d'interpréter à la lettre le texte qui nous occupe, s'accordent à reconnaitre qu'un échange verbal est pleinement efficace, et à traduire largement la pensée du législateur, en disant simplement que, dans le cas où les parties tiennent à consigner par écrit leurs conventions, la rédaction d'un titre authentique est purement facultative, et qu'un acte sous seing-privé, conforme à toutes les prescriptions de l'article 1325, suffit à assurer aux parties le bénéfice de la preuve littérale.

En d'autres termes, toutes les fois que, l'un des objets échangés représentant une valeur supérieure à 150 francs, les preuves par témoins et par présomption seront inadmissibles, pendant que de leur côté les preuves par l'aveu de la partie actionnée et par le serment resteront également pour un motif quelconque sans application ou sans résultat, bref, dans tous les cas où les quatre modes de preuves ci-dessus mentionnés et formellement. autorisés d'une manière générale par les art. 1341, 1347, 1348 (4°), 1349, 1353, 1,354, 1356, 1,358 et 1366, seront irrecevables ou insuffisants, un acte écrit se trouvera bien en réalité nécessaire et exigible *ad probationem*, il ne le sera jamais a priori *ad solemnitatem*, ni encore moins si c'est possible *ad substantiam*.

Si absolue qu'elle soit, cette dernière règle trouve cependant une limitation dans ce principe supérieur de notre droit moderne, que les conventions légalement formées tiennent lieu de loi à ceux qui les ont faites (art. 1134), et il est bien évident dès lors, que si, même après être tombées d'accord sur toutes les clauses de l'échange projeté, les deux parties prennent soin de subordonner expressément à la rédaction d'un acte écrit la formation définitive du contrat, cette formalité, simple élément accidentel en toute autre occasion, revêtira dans l'espèce un caractère absolument essentiel.

Que si maintenant, modifiant légèrement l'hypothèse, nous supposons qu'après avoir arrêté toutes les conditions du contrat, les parties conviennent de les rédiger par écrit, sans indiquer aucunement la sanction qu'elles entendent attacher à l'inexécution de cette clause, devrons-nous présumer qu'elles ont voulu faire de la confection de l'acte un élément essentiel à la formation de l'échange, ou admettre au contraire qu'elles ont agi sans la moindre intention de transformer en un contrat solennel l'opération intervenue ?

N'y aura-t-il, en un mot, comme dans l'hypothèse que nous examinions tout à l'heure, qu'un simple projet d'échange, ou un échange juridiquement parfait ?

La première opinion s'appuie principalement sur une constitution de Justinien, la loi 17 *De fide instrumentorum* (C. IV, 21), dont les dispositions, reproduites dans le *principium* du titre *De emptione et venditione*, aux Institutes (III. 23) et formulées sur l'hypothèse d'une vente que les parties sont convenues de rédiger par écrit, font expressément de la confection de l'acte une condition substantielle de l'existence du contrat.

Toutefois, bien que le système de Justinien, sauf réserve du cas où les parties, ayant déjà rédigé elles-mêmes un écrit sous seing privé conviennent simplement d'y substituer ultérieurement un titre authentique, ait à la fois pour lui et la grande autorité de M. Demolombe et l'assentiment presque unanime de la jurisprudence, nous ne saurions cependant nous rendre à ses conclusions, et l'opinion contraire, outre qu'elle est aujourd'hui enseignée par la plupart des interprètes, nous parait seule conforme au principe qui proclame parfait, par le seul effet du consentement, tout contrat non solennel (art. 1108, 1138, 1583, 1703, etc.).

Aussi, en présence d'une disposition d'un caractère aussi général, ne pourrions-nous renoncer à l'appliquer que dans le cas où, l'intention contraire des parties résulterait expressément ou tacitement, soit d'une déclaration formelle de leur volonté, soit de la nature même de l'opération projetée, et puisque ce sont là des hypothèses que nous avons eu soin d'écarter tout d'abord, pendant que d'autre part, nos adversaires ne peuvent citer à l'appui de leur doctrine aucun texte de notre droit moderne, nous croyons avoir suffisamment établi la solution que nous avons adoptée pour pouvoir aborder immédiatement avec notre second chapitre l'étude des conditions d'existence et de validité du contrat d'échange.

CHAPITRE II

DE LA FORMATION DU CONTRAT D'ÉCHANGE.

I. Eléments constitutifs de l'échange. — II. Conditions de validité de ce contrat.

I

De ce que l'échange est dans notre droit civil un contrat consensuel, il s'ensuit que le seul élément constitutif essentiel à sa formation réside dans l'accord incontesté des volontés des parties. Nous ne pourrions donc que développer à cet égard les dispositions de droit commun édictées par le Code : aussi préférant nous placer autant que possible à un point de vue plus original, nous n'insisterons pas autrement sur une matière dénuée de tout intérêt particulier, et nous arriverons de suite à l'analyse de l'art. 1108, qui, pour l'échange comme pour tout autre contrat, détermine les quatre conditions essentielles à la validité de la convention.

II

Remarquant d'ailleurs à ce propos que, par suite de son caractère synallagmatique, l'échange est un contrat qui engendre à la charge des deux parties des obligations respectives, et dans lequel l'objet de l'obligation de l'une est précisément la cause de l'obligation de l'autre, nous modifierons quelque peu les termes et les divisions de l'art. 1108 pour passer successivement en revue dans trois paragraphes distincts : 1° le consentement des copermutants; 2° leur capacité; 3° la cause et l'objet de l'échange.

§ 1er

Sur le consentement des copermutants, nous n'avons relativement que peu de chose à dire, et nous ne pourrions guère que lui appliquer sans aucune modification les règles générales posées par les art. 1109 et suivants du Code Civil relativement à l'influence de l'erreur, de la violence et du dol sur l'irrévocabilité des conventions, si deux observations ne nous semblaient encore nécessaires.

1° En matière d'échange, l'erreur sur les personnes ne constituera une cause d'annulation du contrat que dans le cas où, l'opération participant en même temps du caractère de la donation, l'*in-*

tuitus personæ, pourrait être raisonnablement considéré comme ayant exercé sur la détermination des copermutants une influence prépondérante.

2° La lésion, ce quatrième vice du consentement, que notre législation moderne n'admet que dans certains contrats et à l'égard de certaines personnes, ne peut être valablement invoquée par les copermutants, car aux termes de l'art. 1706 « la rescision pour cause de lésion n'a pas lieu dans le contrat d'échange. »

De ces deux propositions, la seconde comporte seule quelques développements, mais comme elle se rattache plus intimement encore à l'étude comparative de l'échange et de la vente, nous nous contenterons d'en signaler ici l'importance, nous réservant de la mettre ultérieurement en lumière par une analyse détaillée.

§ 2

L'étude de la capacité des copermutants nous arrêtera un peu plus longtemps, car l'échange étant un contrat translatif de propriété, il ne suffira plus ici, comme dans la plupart des conventions, que les parties aient simplement la capacité générale de contracter, il leur faudra de plus la capacité spéciale d'aliéner.

Par là, se trouvent immédiatement exclues quatre catégories d'individus, savoir :

1° Les mineurs non émancipés, qui, conformément à l'art. 1309, ne pourront faire que par contrat de mariage un échange valable, et qui, dans tout autre cas, seraient recevables à faire annuler pour simple lésion l'opération intervenue (art. 1305, 1306 et 1307, C. c.);

2° Les interdits, qui, inhabiles à faire régulièrement aucun acte juridique obtiendront, même en l'absence de toute lésion, l'annulation d'un échange comme de tout autre contrat (art 502 ;

3° Les mineurs émancipés et les demi-interdits, qui ne pourront échanger sans l'assistance de leur curateur ou de leur conseil judiciaire que dans les étroites limites de la simple administration;

4° Enfin, les femmes mariées qui, également inhabiles à contracter valablement sans l'autorisation maritale ou judiciaire, aucun échange mobilier ou immobilier, ne seront relevées de cette incapacité que dans le cas, où, séparées de biens, elles n'accompliraient en réalité par cette aliénation qu'un acte de libre administration.

Pour ces diverses catégories d'individus les textes nous ont fourni des décisions si précises, qu'aucune difficulté ne pouvait s'élever, mais il n'en est pas de même dans tous les cas, et nous allons avoir à rechercher maintenant la solution de deux questions fort controversées: l'une, concernant l'étendue des pouvoirs du tuteur; l'autre, relative à la capacité entre époux.

Et d'abord, le tuteur aura-t-il toujours la faculté d'échanger pour son pupille ?

Ici, nous commencerons par écarter deux hypothèses particulières, dans lesquelles l'affirmative ne peut être douteuse. La première suppose un échange de meubles contre meubles et d'une importance assez médiocre pour pouvoir être considéré comme un acte de pure administration; la seconde implique un échange, qui, ne se présentant que comme un moyen de transaction, rentre encore incontestablement dans les pouvoirs du tuteur, mais sous réserve toutefois de l'accomplissement des formalités prescrites en pareil cas par l'article 467 C. C.

Ces deux hypothèses une fois hors de cause, si nous nous plaçons maintenant dans le cas d'un échange immobilier, c'est ici seulement, qu'en face du silence presque absolu des textes, la difficulté apparait tout entière, et que se révèlent en même temps les dissentiments des auteurs.

Dans un premier système, Zachariæ enseigne que les immeubles des mineurs et interdits ne peuvent faire l'objet d'un échange, attendu que, par la force même des choses, ce mode d'aliénation ne saurait se prêter à l'accomplissement des formalités tutélaires exigées en cas de vente et notamment à l'adjudication publique.

Mais cet argument, empreint d'un formalisme étroit qui n'est plus en harmonie avec nos lois modernes, n'est pas assez puissant pour nous convaincre, et nous préférons de beaucoup le système aujourd'hui professé par la plupart des interprètes (1), et d'après lequel, le tuteur peut, moyennant exécution des prescriptions de l'art. 457, opérer valablement l'échange des biens immobiliers de son pupille.

Cette opinion nous semble, en effet, plus conforme à la logique et à l'équité, et voici nos motifs.

Le législateur s'étant toujours inspiré d'un esprit de faveur manifeste pour les incapables, il serait bien étrange, qu'après avoir formellement autorisé la vente de leurs biens, il eût entendu par son silence en prohiber l'échange, alors que ce mode d'aliénation, bien moins dangereux que le premier, ainsi que la loi le reconnait elle-même implicitement dans les art. 1558 et 1559, est, en outre, plus susceptible que tout autre de présenter en certains cas un avantage évident pour l'incapable.

La lecture même du Code ne semble-t-elle pas d'ailleurs autoriser cette interprétation, alors que rien ne révèle dans ses dispositions la volonté d'abroger une règle généralement adoptée dans notre ancienne jurisprudence, et que d'un autre côté, l'article 457, au lieu d'employer le mot spécial de « vente », qui suffirait à condamner notre manière

(1) Valette, Explication sommaire du livre I du Code Civil; n° 29, p. 250; Aubry et Rau, t. I, § 113, p. 408; Demolombe, t. VII, p. 787; Demante, Cours analytique, t. II, n° 214.

de voir, a recours au contraire à l'expression générale d' « aliénation ? »

Enfin, que si les partisans de Zachariæ viennent nous opposer l'objection tirée de l'impossibilité effective de la mise aux enchères, nous leur répondrons que le conseil de famille investi par l'article 457 du droit d'autoriser le tuteur, pourra toujours prendre pour la sauvegarde des intérêts de l'incapable les mesures les plus sûres, et que d'ailleurs, à cette garantie déjà si sérieuse, l'homologation du tribunal accordée sur les conclusions du ministère public en viendra ajouter une nouvelle, plus considérable encore que la première, et pleinement apte en raison même de sa nature à suppléer l'adjudication sur enchères.

Le système que nous avons adopté nous semble donc inattaquable, et nous pouvons passer, sans plus tarder, à la seconde question que nous nous sommes posée, à la détermination de la capacité entre époux en matière d'échange.

Ici encore, notre solution sera nette et précise, et, bien que l'on ait tenté d'étendre à notre sujet les dispositions de l'article 1595 qui autorisent dans trois hypothèses exceptionnelles la vente entre conjoints, nous dirons que l'échange ne peut avoir lieu entre époux, parce que l'assimilation entre les deux contrats serait à cet égard injustifiable, l'alinéa 2 de l'article 1595 étant aussi bien que les deux autres paragraphes, inapplicable à l'échange, puisque cette opération bien loin d'impliquer, comme l'hypothèse d'une dation en paiement, l'existence d'une obligation préexistante, en repousse au contraire absolument l'idée.

Nous admettrons donc que les échanges entre époux doivent être traités à tous égards comme des contrats faits par des incapables, et terminant ainsi en même temps que l'examen de notre deuxième et dernière question, la seconde section de ce chapitre, nous allons consacrer maintenant toute notre attention à l'étude de l'objet et de la cause du contrat d'échange.

§ 3

De même qu'en droit romain, toute chose est dans notre législation actuelle susceptible en principe de faire l'objet d'un échange. Aussi plutôt que de tenter ici une énumération limitative à peu près impossible, nous semble-t-il préférable de procéder par élimination, et de déclarer en conséquence inaptes à figurer valablement dans le contrat qui nous occupe, tous les objets compris dans l'une quelconque des six catégories suivantes :

1° Toute chose qui au moment même de la convention avait déjà péri en totalité ;

2° La chose d'autrui ;

3° Les immeubles dotaux ;

4° Toute succession non ouverte ;

5° Toute chose qui n'est pas dans le commerce,

6° Enfin, l'argent monnayé.

De ces six catégories d'objets, la dernière seule ne comporte aucun développement; nous allons donc passer rapidement en revue les cinq autres.

I. En ce qui concerne la perte totale de l'une des choses qui devaient être échangées, notre décision s'explique d'elle-même, car en pareil cas l'obligation de l'une des parties se trouve être sans cause pendant que celle de l'autre est elle-même sans objet.

Suppose-t-on, au contraire, une perte partielle, la solution n'est plus la même, et la partie lésée peut alors choisir entre l'une ou l'autre de ces deux voies : ou bien demander la résolution du contrat, si toutefois elle est bien réellement dans les conditions fixées par l'art. 1636; ou bien, en consentir le maintien, tout en faisant déterminer par ventilation le montant de la soulte, dont son cocontractant lui sera redevable à titre d'indemnité.

II. — Pour ce qui est de l'échange de la chose d'autrui, le principe romain ayant passé intact dans notre droit, nous ne ferons que rappeler la fameuse maxime de Paul : « *Pedius ait alienam rem dantem nullam contrahere permutationem* », et citer, comme autant d'applications plus ou moins manifestes du principe formulé par ce texte, les art. 1184, 1704 et enfin la combinaison des art. 1599 et 1707.

III. — Les immeubles dotaux appellent de plus

longs développements, car si, en les déclarant capables de faire l'objet d'un échange, nous n'avons fait qu'appliquer strictement à notre matière la règle générale de l'art. 1554, cette règle, nous ne saurions trop le remarquer, voit sa portée sensiblement restreinte par les termes de l'art 1559. « L'immeuble dotal, nous dit en effet le Code, peut être échangé, mais avec le consentement de la femme, contre un autre immeuble, de même valeur pour les quatre cinquièmes au moins, en justifiant de l'utilité de l'échange, en obtenant l'autorisation en justice, et d'après une estimation par experts nommés d'office par le tribunal. Dans ce cas l'immeuble reçu en échange sera dotal; l'excédant du prix, s'il y en a, le sera aussi, et il en sera fait emploi comme tel au profit de la femme. »

Que si, pour envisager à ce propos une hypothèse non prévue par l'art. 1559, nous imaginons que l'immeuble reçu par la femme est d'une valeur supérieure à celui qu'elle aliène, l'échange sera encore valable, car la loi n'ayant pas eu d'autre but que de rendre impossible toute diminution importante de la valeur immobilière existant dans la fortune dotale, la seule conséquence pratique qu'elle devra appliquer et qu'elle applique en effet ici, c'est de ne dotaliser le nouvel immeuble que jusqu'à concurrence de la valeur de l'ancien.

IV. — Quant à la succession non ouverte, l'exclusion dont nous l'avons frappée en matière d'échange n'est qu'un résultat nécessaire de l'article 1600, où se trouve textuellement appliqué à la vente le principe général, par lequel l'art. 1130 prohibe les pactes sur successions futures, et nous ne nous arrêterions pas davantage sur ce sujet, si nous ne devions encore mentionner que la prohibition, bien loin de se borner à la succession, considérée dans son ensemble, porte également sur tous les biens individuels dont elle se compose, en tant qu'ils sont considérés comme en faisant partie.

V. — Enfin, pour développer sommairement la solution identique que nous avons donnée à propos des choses qui ne sont pas dans le commerce, nous citerons comme devant être rangées dans cette catégorie :

1° Les choses qui, en raison de leur nature même, ne sont pas susceptibles d'une appropriation privée;

2° Celles qui, par suite de dispositions législatives spéciales, se trouvent dans le même cas, et notamment les biens du domaine public de l'État ainsi que ceux des départements, des communes et des établissements publics affectés à des services d'utilité générale;

3° Les fonctions publiques en général, à l'exception toutefois des offices ministériels, dont l'échange, à supposer remplies toutes les formalités d'une transmission régulière, ne semble pas devoir présenter plus d'inconvénients que n'en offre la vente, aujourd'hui expressément autorisée par la loi du 28 avril 1816;

4° Enfin, les œuvres de l'intelligence humaine, considérées uniquement dans leur idée première.

« Il est en effet, dit Marcadé, une classe de choses » qui, sans être absolument hors du commerce, n'y » entrent pas absolument non plus : ce sont les » œuvres de l'esprit, les compositions littéraires, » scientifiques et artistiques. Ce qui est dans le » commerce en cette matière, c'est le droit d'ex- » ploiter par la publication du travail littéraire ou » artistique, ou par l'application à l'industrie des » découvertes scientifiques, toute l'utilité dont ils » sont susceptibles afin de se procurer le bénéfice » qui peut résulter de cette exploitation. Quant à » l'idée première des œuvres de l'intelligence hu- » maine, elle reste la propriété inaliénable de celui » qui l'a conçue. »

CHAPITRE III

DES EFFETS JURIDIQUES ET DE LA SANCTION DU CONTRAT D'ÉCHANGE

I. Du transfert de propriété. — II. Des obligations des copermutants. — III. De la subrogation réelle.

L'analyse des caractères de l'échange nous a déjà mis à même de constater que ce contrat produit, par le fait seul du consentement des parties, deux effets généraux :

1° Il opère une double translation de propriété ;

2° Il engendre à la charge de chacun des copermutants des obligations réciproques.

Un troisième résultat juridique non moins intéressant, est la subrogation réelle, qui, beaucoup moins importante aujourd'hui que dans notre ancien droit, grâce à l'abolition des propres de succession, reste cependant encore un des traits caractéristiques de l'échange.

Nous consacrerons à chacun de ces trois effets principaux de notre contrat une section différente, en commençant par le plus considérable et le plus original de tous, le transfert de propriété.

I

Ce double transfert de propriété, nous le savons déjà, s'opère en principe comme dans la vente (art. 1583 et 1707, 1138), au moment même de la formation du contrat, c'est-à-dire par le fait seul du consentement des parties, et dès ce moment, en vertu de la maxime connue « *Res perit domino* », les risques de chacune des choses échangées passent immédiatement à la charge du copermutant qui l'acquiert.

Mais, si tel est entre les parties le résultat ordinaire du consentement, il n'en est de même à l'égard des tiers que pour l'échange de meubles corporels et de titres au porteur (art. 35 Code de Commerce), exception facilement justifiable par les exigences de la pratique et dont l'étendue se trouve d'ailleurs, conformément à la règle de l'art. 2279, légèrement restreinte par les termes de l'art. 1141 : « Si la chose qu'on s'est obligé de donner ou de livrer successivement à deux personnes différentes, nous dit en effet le Code, est purement mobilière, celle des deux qui en a été mise en possession réelle est préférée et en demeure propriétaire, encore que son titre soit postérieur en date, pourvu toutefois que la possession soit de bonne foi. »

A part ce cas exceptionnel, pour que l'échangiste puisse invoquer *erga omnes* le droit de propriété qu'il ne peut primitivement opposer qu'à son cocontractant, certaines formalités lui sont légalement imposées, et, essentiellement différentes suivant la nature des choses échangées, elles correspondent toutes à l'une ou l'autre des trois hypothèses suivantes :

1° Le contrat a pour objet des effets à ordre ou des titres nominatifs.

Dans le premier cas la propriété n'est transférée à l'égard des tiers que par voie d'endossement (articles 136 et 187 du Code de Commerce ; article 1er de la loi du 14 juin 1865) ; dans le second, par une mention particulière écrite, non plus comme précédemment, au dos du titre, mais bien sur un registre spécial (article 36 du Code de Commerce).

2° L'échange porte sur des créances.

Ici, aux termes des articles 1690 et 1692 C. C., le cessionnaire n'est saisi à l'égard des tiers que par la signification du transport faite au débiteur ou par l'acceptation expresse de ce dernier dans un acte authentique.

3° L'échange a pour objet des biens immobiliers.

Pour l'examen de cette dernière hypothèse, les variations de la législation moderne nous amènent à distinguer plusieurs époques.

Tout d'abord, sous l'empire de la loi du 11 brumaire an VII, l'acquéreur de biens susceptibles d'hypothèques ne pouvait exercer ses droits à l'encontre des autres ayants-cause à titre particulier de son auteur, que s'il avait accompli avant eux sur les registres du conservateur compétent les formalités de la transcription (article 26).

Plus tard, lors de la rédaction du Code Civil, on se demanda s'il y avait lieu de maintenir les dispositions de la loi de brumaire, et la question, vivement agitée au sein de nos assemblées parlementaires, étant finalement demeurée indécise au point de vue légal, la jurisprudence ne tarda pas à poser en principe que la propriété des immeubles corporels et incorporels se transférait par le fait seul du consentement des parties.

Mais les conséquences abusives de cette interprétation ramenèrent bientôt le législateur aux principes de la loi de brumaire, et c'est par un rappel extensif de ses prescriptions que la loi du 23 mars 1855, actuellement encore en vigueur, soumet à la fois à la transcription « tout acte entre vifs translatif de propriété immobilière ou de droits réels susceptibles d'hypothèques » (article 6) et « tout acte constitutif d'antichrèse, de servitude, d'usage et d'habitation » (article 2) : dispositions de tous points applicables au contrat d'échange, puisque, d'une part, il est naturellement translatif de propriété, et que, d'autre part, il peut évidemment porter sur une servitude comme sur tout autre objet.

II

De ce que la formation de l'échange n'implique pas essentiellement, ainsi que nous venons de le rappeler, une double dation immédiate, il résulte qu'aux deux obligations de délivrance et de garantie imposées à tout copermutant, il s'en viendra parfois ajouter une troisième : celle de transférer la propriété.

Nous commencerons par nous arrêter un instant sur ce dernier point, et ce n'est qu'après lui avoir consacré un très-court paragraphe que nous en emploierons deux autres à l'analyse un peu plus détaillée des obligations de délivrance et de garantie.

§ 1

Et d'abord, pour bien nous fixer sur les diverses hypothèses où prend naissance l'obligation de transférer la propriété, limitons-les aux cinq cas principaux, dans lesquels l'échange a pour objet :

1° Un simple droit de possession;

2° Des choses déterminées seulement *in genere* ;

3° et 4° Des corps certains, dont la translation de propriété se trouve suspendue, soit par une alternative, soit par un terme;

5° Enfin, la chose d'autrui.

De toutes ces hypothèses, la dernière seule mérite quelque attention, puisqu'elle entraine le plus souvent la nullité du contrat en vertu de la présomption légale, d'après laquelle chacun des copermutants n'a consenti à s'obliger envers l'autre que pour devenir lui-même propriétaire.

Aussi est-ce par une conséquence naturelle de ce principe que l'échangiste, frustré dans son attente légitime par la tradition de la chose d'autrui, se voit admis, sur la preuve de ce seul fait et avant toute survenance ou toute menace d'éviction, à faire prononcer judiciairement la résolution du contrat et à se faire allouer en outre, au cas où cette première satisfaction ne l'indemniserait pas entièrement du préjudice subi, des dommages-intérêts par son cocontractant.

Telle est, du moins, la décision qui résulte de la combinaison des articles 1599 et 1612 avec l'article 1704 ainsi conçu : « Si l'un des copermutants a déjà reçu la chose à lui donnée en échange et qu'il prouve ensuite que l'autre contractant n'est pas propriétaire de cette chose, il ne peut pas être forcé à livrer celle qu'il a promise en contre-échange, mais seulement à rendre celle qu'il a reçue ».

Maintenant, faut-il, pour se conformer à l'esprit de cet article, étendre l'action en résolution à des hypothèses voisines de celles qu'il prévoit?

Faut-il notamment l'accorder à l'échangiste, lorsqu'il vient à découvrir que son cocontractant n'est pas propriétaire de l'objet de son engagement, soit avant d'en avoir lui-même reçu la tradition, soit au contraire postérieurement à cet acte et à l'accomplissement de la prestation réciproque?

L'affirmative est certaine à nos yeux et l'équité suffit à la justifier pleinement.

Quant à l'hypothèse où il y aurait eu éviction, l'article 1705 est là pour la régler, mais, comme elle aboutit naturellement à un recours en garantie, nous la réserverons pour le paragraphe spécialement consacré à cette matière, et nous passerons, sans plus de détails, à l'analyse de l'obligation de délivrance.

§ 2.

La délivrance est le transport que fait l'un des copermutants de la chose qu'il donne en échange en la puissance et possession de celui qui la doit recevoir.

Imposée à chacune des parties, et susceptible, comme en cas de vente, de modes d'exécution variables avec la nature des objets du contrat (art. 1605, 1606 et 1607), l'obligation de délivrance s'accomplira le plus souvent par voie de tradition effective, et quelquefois par une simple livraison fictive, comme au cas de constitut possessoire ou de concession d'une servitude négative.

Au reste, la plupart des règles qui la gouvernent étant ici communes à l'échange et à la vente, nous arrivons sans peine en rapprochant de l'art. 1707, les articles 1609 et suivants, à formuler les cinq propositions suivantes :

1° Chacun des copermutants supportera simultanément et les frais de délivrance de la chose qu'il aliène et les frais d'enlèvement de celle qu'il acquiert (art. 1609);

2° Si l'un des échangistes manque uniquement par sa faute à faire la délivrance dans le temps convenu, son cocontractant pourra demander à son choix sa mise en possession ou la résolution du contrat (art. 1610 et 1184), tout en se faisant allouer outre cela, le cas échéant, des dommages intérêts (art. 1611);

3° Un des copermutants ne peut être tenu de délivrer avant l'autre, à moins qu'il ne lui ait accordé pour s'exécuter un délai encore inexpiré (art. 1612);

4° La délivrance doit comprendre la chose dans l'état où elle se trouvait au jour du contrat, les fruits qu'elle a pu produire depuis lors, ses accessoires et tout ce qui a été destiné à son usage perpétuel (art. 1614 et 1615);

5° Enfin, dans le cas ou l'échange a pour objet un bien immobilier et où il existe entre la contenance déclarée et la contenance réelle un écart relativement considérable, le copermutant peut demander, soit le complément de la quantité promise, soit une indemnité calculée d'après les principes applicables à la vente, soit encore la résolution du contrat (art. 1617 et 1618).

A côté de ces points de contact principaux entre l'obligation de délivrance du vendeur et celle du copermutant, nous pourrions aisément relever certaines différences inhérentes à la dissemblance naturelle de ces deux contrats, mais la comparaison que nous établirons entre eux dans un autre chapitre nous permettra d'envisager la question sous ce nouveau jour, et nous préférons, en conséquence, en arriver de suite à l'étude de l'obligation de garantie.

§ 3.

Ayant pour objet, dans l'échange comme dans la vente, la possession paisible et utile de la chose livrée, l'obligation de garantie se réfère à deux chefs principaux, que nous examinerons successivement dans l'ordre suivant : 1° Éviction ; 2° Découverte de vices rédhibitoires.

A. — Garantie en cas d'éviction. — Effet naturel de l'échange aussi bien que de la vente, la garantie en cas d'éviction est due, en l'absence de toute stipulation expresse, par chacun des copermutants, et si des conventions particulières peuvent en étendre ou en restreindre au gré des parties l'étendue ordinaire, le législateur, par un motif de haute convenance morale, la déclare cependant inexclusible à peine de nullité du contrat, dans tous les cas où elle pourrait être due à raison d'un fait personnel à l'un des contractants (art. 1628 et 1707 C. C.).

Susceptible d'une application très-variée, elle demande à être envisagée spécialement dans les trois hypothèses suivantes :

1° Éviction totale ;

2° Éviction partielle ;

3° Découverte de servitudes non apparentes et non déclarées lors du contrat.

1° *Éviction totale.* — Le trouble de droit étant assimilé à l'éviction accomplie, nous rechercherons avant tout comment, sous le coup d'une action en revendication ou d'une action hypothécaire, le copermutant lésé pourra exercer son recours en garantie.

A cet effet, deux partis s'offrent à lui :

1° Il peut appeler en cause son cocontractant, ou lui laisser même entièrement le soin de terminer le procès, auxquels cas, si le demandeur triomphe, le copermutant évincé fera statuer incidemment sur l'action en garantie qu'il dirigera aussitôt contre son auteur;

2° Il peut plaider seul, sauf, en cas d'insuccès, à intenter contre son coéchangiste une action principale en dommages-intérêts et à encourir maladroitement les risques d'un second échec, puisque, conformément aux termes combinés des art. 1640 et 1707, « la garantie pour cause d'éviction cesse lorsque l'un des copermutants s'est laissé condamner par un jugement en dernier ressort ou dont l'appel n'est plus recevable, sans appeler son auteur, si celui-ci prouve qu'il existait des moyens suffisants pour faire rejeter la demande. »

Que si nous supposons maintenant l'éviction consommée, nous laisserons, comme le veut l'article 1705, à la partie lésée « le choix de conclure à des dommages-intérêts ou de répéter sa chose », et, tout en faisant remarquer que, même dans ce dernier cas, elle pourra fort bien obtenir une indemnité, si son copermutant a détérioré par sa faute ou par son dol l'objet revendiqué (art. 1184, 2°), nous ajouterons qu'elle jouira de plus, en matière immobilière, du droit de suite contre les tiers détenteurs, l'action que lui accorde le Code Civil affectant ainsi dans notre législation le caractère réel qu'elle n'eut jamais en droit romain. (En ce sens MM. Duvergier, *Vente et échange*, tome II, n° 417; Troplong, t. II, n° 25. — Arrêts de diverses Cours: Aix, 25 mai 1813; Grenoble, 18 juillet 1834; Lyon, 12 janvier 1839; Nîmes, 19 février 1839; Bordeaux, 12 juin 1846 (Sirey, XLVII, II. 30.)

2° *Éviction partielle.* — Quant à l'éviction partielle, deux hypothèses doivent être distinguées : ou bien le copermutant est évincé d'une partie si importante par rapport au tout qu'il n'eût probablement pas contracté sans elle, et dans ce cas il peut faire résilier l'échange (art. 1636 et 1707), sous prétexte qu'il n'a reçu en réalité que la chose d'autrui, et reprendre lui-même ce qu'il avait aliéné, sans préjudice des dommages-intérêts, s'il y a lieu ; ou bien il est évincé d'une partie trop minime pour intenter une action en résolution du contrat, et alors il ne peut que conclure à l'allocation d'une indemnité calculée d'après le préjudice souffert et l'état de la chose au jour de l'éviction ;

3° *Découverte d'une servitude non apparente.* — Les mêmes solutions s'appliqueront d'ailleurs sans difficulté à la découverte d'une servitude non apparente et non déclarée lors du contrat, puisque ce fait est assimilé dans notre Code à l'éviction partielle : particularité d'autant plus intéressante à relever qu'en droit romain la découverte d'une servitude personnelle étant seule assimilée à l'éviction partielle des fonds, celle des servitudes réelles n'entraînerait un pareil résultat que si le fonds avait été déclaré *uti optimus maximus.*

Quoi qu'il en soit, nous n'avons pas à insister autrement sur ce rapprochement, et, terminant par là nos explications sur l'obligation de garantie pour éviction, nous aborderons enfin le second chef auquel elle se réfère, la découverte des vices rédhibitoires.

B. — Garantie des vices rédhibitoires. — Ici encore, deux recours judiciaires sont admissibles suivant l'importance du vice incriminé.

Est-elle à ce point considérable que le copermutant, à le supposer mieux informé, n'aurait pas contracté, il peut en restituant lui-même ce qu'il a reçu demander la résolution de l'échange et outre cela, s'il y a lieu, des dommages-intérêts.

Est-elle au contraire si minime que l'échangiste, mis au fait, eût néanmoins conclu le marché en se bornant à donner en retour une chose d'une valeur inférieure à celle qu'il a transmise, il ne peut plus alors réclamer qu'une indemnité fondée sur le préjudice subi, et calculée avec plus ou moins de rigueur, suivant que son cocontractant aura agi de bonne ou de mauvaise foi (art. 1150).

Au reste, toutes les dispositions qui régissent en matière de vente la garantie des vices rédhibitoires, s'appliquent aisément à l'échange, et ni les prescriptions générales du Code Civil, ni les décisions plus spéciales de la loi du 20 mai 1838 ne nous offrant ici le moindre intérêt particulier, il ne nous reste plus, pour en avoir fini avec l'analyse des principaux effets juridiques de notre contrat, qu'à traiter sommairement de la subrogation réelle.

III

La subrogation réelle, nous ne saurions trop le rappeler, n'offre plus aujourd'hui qu'une importance bien diminuée : aussi ne prétendons-nous pas l'envisager ici sous toutes ses faces, et nous bornerons-nous à en rechercher l'application dans les deux cas les plus intéressants, c'est-à-dire dans les divers régimes matrimoniaux, d'une part, et en matière de succession anomale, d'autre part.

A.— RÉGIMES MATRIMONIAUX. — *1° Communauté.*— Aux termes de l'article 1407, « l'immeuble acquis pendant le mariage à titre d'échange contre l'immeuble appartenant à l'un des deux époux n'entre point en communauté, et est subrogé au lieu et place de celui qui a été aliéné, sauf la récompense s'il y a soulte. »

Bien que cet article semble ne viser exclusivement que les immeubles, il convient cependant de l'appliquer encore aux meubles susceptibles de former des *propres parfaits*, sans s'occuper d'ailleurs autrement de ceux qui, devant rentrer dans la catégorie des *propres imparfaits*, c'est-à-dire tomber sauf récompense dans la communauté, ne sauraient par cela même faire l'objet d'une subrogation réelle.

Reste, après avoir ainsi précisé le sens des termes mêmes de l'article 1407, à déterminer d'une manière analogue la portée de ses dispositions, en recherchant s'il sera toujours applicable en cas d'échange avec soulte, quelle que puisse être l'importance relative du propre aliéné et du retour en argent qui l'accompagne.

Certains auteurs soutiennent l'affirmative, en alléguant que l'opération doit toujours produire tous les effets du contrat dont les parties lui ont à tort ou à raison, donné le nom, mais cette solution n'est pas la nôtre, et celle que nous adopterons après discussion dans le prochain chapitre aboutit à poser la distinction suivante :

La soulte a-t-elle une valeur inférieure à celle du propre auquel elle est jointe, l'article 1407 est applicable ; en cas contraire, il ne l'est pas, car alors, ainsi que nous le démontrerons bientôt, l'opération est bien plutôt une vente qu'un échange, et la vente d'un propre ne donne pas lieu à la subrogation réelle (art. 1434 et 1435).

C'est pourquoi, l'échange d'un propre nous apparaissant en réalité comme un remploi abrégé particulièrement favorable aux yeux du législateur, nous en concluons avec la plupart de nos anciens auteurs, que la subrogation résultant de cet acte juridique s'opère de plein droit, sans qu'il soit besoin d'aucune déclaration ou acceptation spéciale, et nous ne craignons pas d'affirmer, en dépit de Merlin, que cette doctrine se trouve implicitement consacrée par l'absence de toute distinction dans le texte de l'article 1407.

Toutefois, si la subrogation se produit indépendamment de toute manifestation du consentement de l'échangiste, nous ne pensons pas qu'elle puisse avoir lieu contre sa volonté expresse, et nous admettons volontiers la femme à y renoncer formellement, sous réserve de son action en indemnité pour le remploi de son propre aliéné.

2° *Régime dotal*. L'échange d'un bien dotal entraîne de la même manière la subrogation réelle, mais tandis qu'il n'est soumis à aucune formalité, lorsqu'il porte sur un meuble, il doit, au cas contraire, satisfaire à toutes les conditions formulées en ces termes par l'art. 1559 : « L'immeuble dotal peut être échangé, mais avec le consentement de la femme, contre un autre immeuble de même valeur, pour les quatre cinquièmes au moins, en justifiant de l'utilité de l'échange, en obtenant l'autorisation en justice, et d'après une estimation par experts nommés d'office par le tribunal. »

Que si nous supposons l'existence d'une soulte, deux hypothèses, sont à prévoir :

Ou bien elle est due à la femme, auquel cas elle devient immédiatement dotale, et doit être employée comme telle à son profit (art. 1559) ;

Ou bien elle est, au contraire, due par la femme, et comme, dans cette hypothèse, l'immeuble acquis a une valeur plus grande que le fonds dotal aliéné, il n'est subrogé à ce dernier immeuble que jusqu'à concurrence de la valeur exacte qu'il présentait lui-même au moment de l'échange et devient par conséquent, paraphernal pour le surplus.

Conséquence de l'article 1543, qui défend d'augmenter la dot pendant le mariage, la règle que nous venons de poser admet des exceptions, et l'immeuble acquis sera très-légalement dotal pour le tout, si la soulte a été payée avec des deniers dotaux ou si la femme, usant de la faculté que lui confère l'art. 1542, s'est constitué expressément en dot tous ses biens présents et à venir.

3° *Régime sans communauté.* Dans le régime sans communauté, rien de particulier ne se présente relativement à l'échange des biens personnels du mari, mais pour ceux de la femme, il n'en est plus absolument de même, et il y a lieu de distinguer, suivant qu'elle a contracté avec l'autorisation de son mari, ou avec celle de la justice.

Au premier cas, la subrogation se produit sans aucun doute, et le bien que la femme acquiert prend, en ce qui concerne l'usufruit du mari, la place du propre qu'elle aliène.

Au second cas, au contraire, par un argument d'analogie tiré de l'art. 1413 C. C., nous ne pensons pas que la subrogation puisse avoir lieu, mais nous estimons que le mari, méconnu dans son autorité légale, acquiert, à dater du contrat, l'usufruit du nouvel immeuble de sa femme, tout en conservant le même droit sur celui qu'elle a aliéné sans son consentement.

4° *Régime de séparation de biens.* — Enfin, nous ne voyons pas que sous le régime de la séparation de biens judiciaire ou conventionnelle, l'échange opéré par l'un ou l'autre des deux conjoints présente, à notre point de vue spécial, un intérêt quelconque : aussi, terminerons-nous ici cette revue rapide des divers régimes matrimoniaux pour reporter toute notre attention sur un autre sujet, où nous allons voir se dresser devant nous une question des plus délicates, que nous poserons en ces termes.

B. — SUCCESSIONS ANOMALES. — La subrogation réelle s'applique-t-elle en matière de successions anomales?

C'est là un point vivement controversé, et sur lequel il importe de se bien fixer, en commençant par rappeler deux règles incontestées établies par l'article 747.

1° L'ascendant donateur qui retrouve en nature dans la succession de son descendant donataire, mort sans postérité, les biens qu'il lui avait donnés, les reprend par droit de succession.

2° Il succède également, lorsque les biens donnés ont été vendus par le donataire, à la créance du prix, mais il n'a au contraire aucun droit à faire valoir, si elle a été acquittée antérieurement à l'ouverture de l'hérédité.

Telles sont les deux principales hypothèses que le Code a réglées, et d'après lesquelles nous devons nous guider pour rechercher la solution qu'il convient d'appliquer au cas où le bien donné a été aliéné par le donataire à titre d'échange.

Certains auteurs cherchent à démontrer que l'ascendant donateur pourra exercer son droit de succession sur le bien acquis en contre-échange par le donataire et affirment à cet effet que, s'il ne succède pas au prix de vente quand le paiement a été fait avant l'ouverture de la succession, c'est uniquement parce qu'il lui est impossible, cette somme s'étant venue confondre dans le patrimoine du donataire, de désigner les valeurs qui représentent précisément le bien par lui donné.

Mais s'il est vraisemblable, et nous n'y contredisons pas, que cette considération a dû puissamment influer sur la décision du législateur, il ne semble pas en revanche qu'elle ait été son unique mobile, car autrement il n'aurait pas manqué d'admettre l'ascendant donateur à succéder au prix de vente des biens donnés, toutes les fois que le montant en aurait été individualisé d'une manière quelconque, et c'est ce qu'il n'a pas fait, puisqu'il laisse en dehors de ses prévisions cette hypothèse spéciale.

Le système que nous avons exposé et qui aboutit à admettre dans les successions anomales l'application de la subrogation réelle, est donc exclusivement fondé sur un argument sans valeur, et nous séduit d'autant moins que l'opinion contraire est à la fois plus conforme aux principes généraux du droit et au texte même de la loi.

Si nous remarquons, en effet, que la succession dont il s'agit est tout exceptionnelle, et que d'un autre côté, l'article 747 ne l'admet expressément, en cas d'échange, que pour les objets « qui se retrouvent en nature » dans le patrimoine du *de cujus*, nous conclurons, en disant avec MM. Demante et Colmet de Santerre : « Les biens acquis en » échange du bien donné ne sont pas ces biens » *donnés en nature* ; donc, ils ne peuvent être repris » par l'ascendant donateur; donc la subrogation » réelle ne se produit pas dans l'échange, en ce qui » concerne la succession anomale de cet ascendant»; et nous étendrons par analogie de motifs aux hypothèses des articles 351, 352, et 766 C. C. la solution que nous venons de développer à propos de l'article 747.

CHAPITRE IV

COMPARAISON DE L'ÉCHANGE AVEC DIVERSES OPÉRATIONS JURIDIQUES.

I. Comparaison avec la vente ; — II. Avec le partage ; — III. Avec la donation.

De même que dans les deux premières parties de ce travail, nous considérerions notre étude comme absolument incomplète, si nous ne rapprochions l'échange des divers actes juridiques qui offrent avec lui le plus d'analogie : nous le comparerons donc dans trois sections différentes : 1° avec la vente ; 2° avec le partage ; 3° avec la donation.

I

L'affinité qui existe entre l'échange et la vente étant, ainsi que nous avons déjà été à même de le constater, encore plus étroite dans la législation française qu'elle ne le fut jamais en droit romain, nous devrons nous appliquer, avant même de rechercher les différences principales qui séparent ces deux contrats à établir entre eux une ligne de démarcation nettement accusée.

§ 1. — A cet effet, nous commencerons par constater que, personne n'hésitant à reconnaître l'existence d'un échange dans les deux hypothèses, où les parties se transfèrent réciproquement des objets de même nature, meuble pour meuble, immeuble pour immeuble, la difficulté ne pourra guère se présenter que dans les deux cas suivants :

1° Le contrat a pour objet un meuble d'un côté, et de l'autre un immeuble ;

2° L'une des parties stipule à son profit une soulte en argent.

Mais, pour retrouver dans la première hypothèse un échange ordinaire, nous n'avons qu'à invoquer la vieille maxime romaine : « *Emptio fit pretio, permutatio fit rebus* » (L. 7, *De rerum permutatione*. C. IV, 64), car, si le droit coutumier n'a pas craint de la méconnaître *contra rationem juris*, ainsi que le disait fort bien Pothier, nous avons vu que c'était uniquement pour prévenir certaines fraudes pratiquées en matière de droits de retraits et de profits féodaux, et, ces institutions ayant depuis longtemps disparu, le doute, qui avait pu s'élever jadis et dont nous avons d'ailleurs fait justice, ne saurait aucunement subsister aujourd'hui.

La difficulté se concentre donc tout entière sur

notre seconde hypothèse, c'est-à-dire, sur le cas, où le paiement d'une soulte doit compenser la différence de valeur qui existe entre les biens en nature aliénés par les deux contractants; et, pour déterminer la nature de cette opération, que nous pouvons, sans préjuger la question, désigner sous le nom générique d'échange avec soulte, trois systèmes principaux ont été proposés.

Premier système. — L'échange avec soulte présente dans tous les cas une double nature et constitue à la fois une vente jusqu'à concurrence du montant de la soulte et un échange pour le surplus.

Trois arguments peuvent être invoqués en faveur de ce système :

1° Il est conforme à la Coutume de Paris qui admettait formellement, tout au moins dans le cas où la soulte était prépondérante, la scission de l'opération en deux contrats distincts (art. 145).

2° Il respecte de la façon la plus absolue la distinction qui sépare dans leur essence la vente et l'échange, et qui, après nous être apparue en droit romain comme en droit coutumier, se retrouve encore aujourd'hui dans le rapprochement des articles 1582 et 1702 du Code Civil.

3° Enfin, il semble encore confirmé par les termes de l'article 1557 C. C., qui désigne la soulte sous le nom d'*excédant de prix*.

En effet, dit-on, si dans l'hypothèse de l'échange

d'un immeuble dotal, alors que, le bien acquis en retour devant nécessairement représenter les quatre cinquièmes au moins de la valeur de celui qu'il remplace, la soulte se trouve relativement fort peu considérable, nous la voyons cependant assimilée légalement à un prix de vente, c'est évidemment qu'aux yeux des rédacteurs du Code, l'échange avec soulte est vente jusqu'à due concurrence.

Malheureusement, cette conclusion n'a rien de nécessaire, car cette interprétation de l'art. 1559 en exagère singulièrement la portée. Pour nous, il signifie tout simplement que l'un des objets échangés peut être considéré sous un certain point de vue comme le prix de l'autre, et ce qui prouve péremptoirement la justesse de cette appréciation, c'est que si l'on devait prendre à la lettre les termes de l'art. 1559, il faudrait aller jusqu'à dire que dans l'échange avec soulte, c'est non-seulement la soulte, mais encore le bien qu'elle accompagne, qui constituent un prix de vente.

L'absurdité d'un pareil résultat suffirait donc à nous mettre en garde contre le système que nous venons d'exposer, si les difficultés d'application qu'il rencontrerait nécessairement dans la pratique ne le condamnaient sans rémission.

Comment diriger, en effet, contre une partie seulement de cet étrange contrat à double face, soit une action en rescision pour lésion, soit une demande en résolution pour non paiement du prix?

C'est là pour nous une difficulté insurmontable, et notre premier système se trouvant de la sorte inadmissible à double titre, nous ne pouvons en conséquence que passer au suivant.

Deuxième système. — L'échange avec soulte est, sauf application de la maxime : *fraus omnia corrumpit*, un échange pour le tout, quelle que soit l'importance relative de la soulte.

Très-séduisant au premier abord, grâce à la facilité de son application et à son respect absolu de la qualification donnée au contrat par les parties, ce système invoque encore par-dessus tout les termes de l'art. 1407, qui, en subrogeant au propre échangé le bien acquis en retour, sans établir relativement à la valeur de la soulte la moindre distinction, semble admettre que la subrogation se produit toujours pour le tout, quelle que soit l'importance relative du retour en argent, et que par conséquent l'opération ne constitue jamais qu'un échange.

Mais, si spécieux qu'il puisse être, cet argument est dénué de toute valeur, car il repose en réalité sur une pétition de principe, et il suffit de remarquer, pour s'en convaincre, qu'en raison même de la place qu'il occupe dans le Code, l'art. 1407 ne peut avoir été appelé par le législateur à déterminer les circonstances dans lesquelles il y a vente ou échange, et que dès lors, statuant simplement sur une espèce particulière de ce dernier contrat, il ne saurait avoir d'autre but que d'en indiquer le résultat spécial.

Le système fondé sur cet argument tombe d'ailleurs avec lui, car, d'une part, il est contraire aux principes généraux de notre droit, puisqu'il n'hésite pas à voir un échange dans une opération, où, la soulte se trouvant jointe à un objet d'une valeur relativement infime, il ne devrait trouver autre chose qu'une vente, et d'autre part, il est encore en opposition directe avec l'esprit de la loi, puisque, dans l'hypothèse précédente, il aboutit à rendre impraticable l'exercice de l'action en rescision pour lésion accordée au vendeur par l'art. 1674.

Nous ne nous arrêterons donc pas davantage à le critiquer, et nous en viendrons de suite à l'exposition du système que nous avons déjà cru devoir adopter dans le droit coutumier et auquel nous donnerons encore ici la préférence.

Troisième système. — L'échange avec soulte est une vente ou un échange, suivant que la valeur de la soulte est supérieure ou inférieure à celle de l'objet auquel elle est jointe.

Simple application de la maxime célèbre « *major pars trahit ad se minorem* », ce système ne peut offrir de difficultés pratiques que dans l'hypothèse où la soulte a une valeur précisément égale à celle de l'objet qu'elle accompagne.

En pareil cas, si rien ne vient révéler avec l'intention des parties la nature de l'opération intervenue, il conviendra, suivant nous, de lui assigner par présomption le caractère de la vente, cet acte juridique étant assurément plus commun que l'échange, et par là se trouvera concilié avec les exigences de la pratique le seul système qui marque entre les deux contrats une ligne de démarcation tracée par la logique.

Mais, après avoir constaté si souvent au cours de cette étude l'analogie qu'établit, au point de vue civil, entre l'échange et la vente l'art. 1707, il ne suffit pas d'en être arrivé par une longue discussion à les pouvoir distinguer l'un de l'autre dans tous les cas : il reste encore pour les séparer complètement, à signaler les différences principales qui les individualisent, et c'est à quoi nous allons désormais nous appliquer.

1° La vente a pour objets une chose et un prix, l'échange, au contraire, deux choses en nature, autres que de l'argent monnayé ;

2° De ce que les parties dans la vente sont respectivement obligées à raison d'objets de nature différente, il s'ensuit qu'elles ne sont pas désignées sous le même nom, c'est-à-dire que le contrat met en présence le vendeur d'une part et l'acheteur de l'autre.

Dans l'échange, au contraire, les obligations réciproques ayant pour objets des choses de même nature, les deux parties reçoivent l'appellation commune de coéchangistes ou copermutants.

3° Tandis que tout pacte obscur ou ambigu s'interprète contre le vendeur (art. 1602), cette disposition ne pouvant évidemment s'étendre à l'échange, puisqu'ici il n'y a plus de vendeur, le juge devra, le cas échéant, interpréter le doute en faveur du débiteur, conformément au droit commun des contrats (art. 1162).

4° Dans la vente, les frais d'actes et autres dépenses accessoires, sont à la charge de l'acheteur (article 1593) ; dans l'échange, les deux parties jouant simultanément le double rôle d'acheteur et de vendeur, chacune d'elles supporte la moitié de ces frais qui les intéressent l'une et l'autre au même degré.

5° Dans la vente, les frais de délivrance sont supportés par le vendeur et ceux d'enlèvement par l'acheteur (art. 1608). Dans l'échange, au contraire chacun des copermutants supporte les frais de délivrance de la chose qu'il aliène et les frais d'enlèvement de celle qu'il acquiert.

6° Aux termes de l'article 1617, « si la vente d'un immeuble a été faite avec indication de la contenance, à raison de tant la mesure, le vendeur est obligé de délivrer à l'acquéreur, s'il l'exige, la quantité indiquée au contrat ; et si la chose ne lui est pas possible, ou si l'acquéreur ne l'exige pas, le vendeur est obligé de souffrir une diminution proportionnelle du prix ».

Dans l'hypothèse d'un échange, au contraire, ce

contrat ne comportant pas de prix, le copermutant ne peut évidemment invoquer l'application de la seconde partie de l'article 1617, mais nous avons vu qu'il a le droit d'exiger, si la chose est possible, le complément de la contenance déclarée au contrat.

7° L'article 1619, qui détermine les conséquences produites par l'existence d'un excédant ou d'un déficit dans la contenance promise, ne saurait non plus s'étendre absolument à l'échange, car, dans ce contrat, la considération de la contenance est généralement d'autant plus indifférente aux parties qu'il ne se rencontre plus là comme dans la vente un prix que l'on puisse augmenter ou diminuer à volonté.

8° L'acheteur évincé n'a d'autre voie de recours qu'une action en dommages intérêts, calculée sur le préjudice éprouvé et dont le bénéfice ne saurait être inférieur au prix d'acquisition lui-même (art. 1630).

Au contraire, le copermutant qui est évincé de la chose qu'il a reçue en échange, a le choix de conclure à des dommages et intérêts qui, même en ce dernier cas, pourraient lui être dus à raison des circonstances, conformément au droit commun (art. 1382 et 1383).

9° Le vendeur lésé de plus des sept douzièmes dans le prix d'un immeuble, a le droit de demander la rescision de la vente, quand même il aurait expressément renoncé dans le contrat à la faculté de demander cette rescision, et qu'il aurait déclaré donner la plus-value (art. 1674).

Au contraire, la rescision pour cause de lésion n'a pas lieu dans le contrat d'échange (art. 1706).

Différence d'ailleurs absolument logique et équitable, car en n'accordant en cas de vente l'action en rescision pour lésion qu'au vendeur exclusivement, le législateur a été manifestement guidé par cette pensée fort juste, que, si l'on peut souvent, par un besoin d'argent très-pressant, être obligé de vendre, on n'est au contraire jamais forcé dacheter. Or, on ne saurait se trouver d'avantage dans la nécessité d'échanger; donc il n'y avait aucun motif pour étendre aux copermutants la disposition de faveur appliquée au vendeur, et c'est par suite, avec raison, que le Code laisse ici, l'échangiste sous l'empire du droit commun (art. 1313).

10° La faculté de rachat n'est pas soumise dans l'échange, à toutes les règles de la vente.

C'est ainsi que le copermutant en exerçant le réméré, ne saurait être tenu de restituer à son cocontractant un prix qui n'existe pas dans l'espèce.

Quant aux autres dispositions, qui régissent dans la vente le pacte de rachat, nous avons vu, que par application de l'article 1707, il convient de les étendre en général à l'échange et de limiter notamment par analogie, dans ce dernier contrat, au terme maximum de cinq années le délai assignable à l'exercice du réméré.

11° Sous le régime de la communauté de biens, le prix de vente d'un propre de l'un des époux, tombe sauf récompense dans la communauté ou constitue en d'autres termes, un *propre imparfait* (art. 1470 et 1493).

Nous savons au contraire que le bien acquis en échange d'un propre devient propre à son tour par suite de la subrogation réelle, qui le substitue « au lieu et place de celui qui a été aliéné. » (Art. 1407.)

12° Les cas dans lesquels l'immeuble dotal peut être vendu sont limitativement énumérés par le Code (art. 1557 et 1558).

Il n'en est pas de même en ce qui concerne l'aliénation de ce bien par voie d'échange.

13° La vente de l'immeuble dotal dans les cas exceptionnels où la loi l'autorise, n'a jamais lieu qu'aux enchères (art. 1558).

C'est au contraire toujours à l'amiable que s'opère l'échange d'un pareil bien, ce contrat étant par sa nature même absolument incompatible avec les formalités de l'adjudication publique.

14° Les ventes entre conjoints, prohibées en principe par la loi, sont permises exceptionnellement dans trois cas (art. 1595).

L'échange semble, au contraire, impossible entre époux.

15° Le copermutant ne peut se prévaloir du privilége accordé au vendeur par l'article 2103, § 1, C. C.

16° Le droit de résolution, que la loi confère à l'échangiste, n'est pas soumis aux causes de déchéance établies par les articles 7 de la loi du 23 mars 1855 et 717 du Code de Procédure.

Incontestablement applicables à l'échange *but à but*, puisque les déchéances comme les priviléges sont de droit étroit, les deux dernières propositions que nous venons d'émettre, s'appliqueront non moins facilement à l'échange avec soulte sous le bénéfice de la distinction que nous avons établie et aux termes de laquelle cet acte juridique constitue tantôt une vente, et tantôt un échange, suivant l'importance relative du retour en argent.

Nous n'avons donc pas à insister davantage sur ces deux propositions, et croyant avoir suffisamment marqué les différences qui existent entre la vente et l'échange, nous allons maintenant comparer ce dernier contrat avec le partage.

II

Dans la deuxième partie de ce travail, nous avons vu le partage, simple espèce de l'échange en droit romain, prendre dans notre droit coutumier une physionomie tout autre et une existence propre.

Reproduite par l'article 883 du Code Civil, la fiction légale qui avait ainsi transformé le partage, opération juridique jadis attributive et translative de droits, en un acte purement déclaratif, le sépare presque complétement aujourd'hui, comme dans notre législation ancienne, du contrat d'échange.

Aussi, les différences capitales qui distinguent désormais ces deux actes, rendant pour ainsi dire impossible toute tentative de rapprochement entre eux, laisserons-nous entièrement de côté les partages de masses formellement prévus par la loi dans les articles 883, 1476 et 1872, pour nous demander si le principe appliqué par ces textes ne souffre pas d'exceptions et rechercher notamment, s'il convient de l'étendre au partage d'objets individuels.

Faut-il, en d'autres termes, voir dans cette opération un acte déclaratif de droits et la régir en conséquence, conformément au principe posé par l'article 883, ou faut-il au contraire lui reconnaître encore le caractère déclaratif qu'elle avait autrefois et l'assimiler par là même à l'échange?

Bien que la première opération ait pour elle la grande autorité de M. Demolombe, la seconde, qui a été soutenue avec talent par MM. Aubry et Rau et consacrée à plusieurs reprises par la Cour de Cassation, nous semble de beaucoup préférable.

D'une part, en effet, si le désir d'éviter entre copartageants des recours sans nombre suffit à expliquer, sinon à justifier absolument, le caractère déclaratif attribué par la loi au partage d'une masse de biens, la même considération ne peut plus être invoquée avec autant de raison quand il s'agit d'un seul objet, et il n'y a dès lors aucun motif pour assimiler les deux espèces.

D'autre part, et c'est encore là notre meilleur argument, le principe formulé par l'article 883 doit être, comme toute fiction légale, interprété strictement, et ne saurait, par conséquent, être étendu sans arbitraire à d'autres cas que ceux où le Code en fait lui-même application (art. 1476 et 1872).

Nous laisserons donc au juge le soin de régler selon l'esprit général de la loi les partages d'objets individuels, et croyant avoir suffisamment mis en lumière l'affinité qui les unit à l'échange, nous terminerons notre étude par une comparaison de ce contrat avec la donation.

III

Assurément, pas plus en droit français qu'en droit romain, nous n'entendons rapprocher deux opérations aussi opposées que l'échange et la donation ordinaire. Mais il est en revanche certaines formes de ce dernier contrat qui se prêtent sans peine à la comparaison, et c'est ce que l'on constate aisément à l'égard des trois suivantes :

1° La donation mutuelle, dont l'analogie avec l'échange est si frappante, qu'il est parfois difficile en pratique de distinguer ces deux contrats;

2° La donation rémunératoire, mais dans le cas seulement où le service rendu consiste, ainsi que la récompense même, en une translation de propriété;

3° Enfin, la donation avec charges, mais uniquement dans l'hypothèse où l'obligation imposée au donataire a pour objet la transmission d'une chose en nature.

Quoi qu'il en soit, il est facile de séparer de l'échange, au point de vue juridique, ces trois formes particulières de la donation.

Et d'abord, tandis que, dans chacune des deux premières, il y a deux opérations successives, deux actes à titre gratuit ayant chacun leur cause séparée, dans l'échange, au contraire, il n'y a en principe qu'une seule opération, et l'obligation de l'un des copermutants a pour cause immédiate l'obligation de l'autre.

De même, en ce qui concerne la troisième forme spéciale que nous avons envisagée, la donation avec charges ne se distingue-t-elle pas nettement de l'échange, alors que le donateur, bien loin de recevoir ici comme les copermutants l'équivalent de ce qu'il aliène, agit au contraire à titre gratuit pour tout ce qui excède la valeur des charges qu'il stipule?

Mais ce n'est pas tout, car si nos trois donations spéciales se distinguent fort bien de l'échange, quant à leurs éléments constitutifs, elles présentent encore avec ce contrat, relativement à leurs effets, de nombreuses différences communes, et nous en devons citer ici les principales :

1° La capacité de disposer ou de recevoir à titre gratuit est soumise à des règles plus sévères que la capacité d'aliéner ou d'acquérir à titre onéreux;

2° La donation est un contrat solennel qui doit avoir lieu par devant notaires, et dont il doit être conservé minute, à peine de nullité (art. 931 C. C. et 2 de la loi du 21 juin 1843) ; l'échange, au contraire, est un contrat purement consensuel, dans lequel la confection d'un titre authentique ou sous seing privé ne peut jamais être exigée que *ad probationem*, et non *ad substantiam* ;

3° Dans la donation, l'acceptation du donataire doit être expresse et consignée dans un acte authentique (art. 933) ; dans l'échange, au contraire, la manifestation du consentement des parties n'est assujettie à aucune formalité et peut même être tacite ;

4° Dans la donation, les conditions impossibles, illicites ou immorales sont réputées non écrites; dans l'échange, elles annulent entièrement la convention ;

5° Toute donation de meubles doit être accompagnée d'un état estimatif signé des parties et annexé à l'acte; l'échange n'est pas soumis à cette règle;

6° Le donataire n'a pas droit à garantie comme les copermutants;

7° La donation, contrairement à l'échange, est rapportable et réductible.

Pour ces deux dernières propositions, il y a lieu de remarquer que la portée en est sensiblement restreinte, en cas de donation avec charges, par la nature mixte de cette opération, car, puisque cet acte juridique constitue simultanément un échange dans la proportion des charges et une donation pour le surplus, il doit évidemment participer des effets de l'un et de l'autre contrats, et c'est ce qui nous amène à formuler à son égard les deux règles suivantes :

1° La garantie sera due dans la proportion des charges imposées;

2° Il y aura lieu, dans la même proportion, à rapport et à réduction.

Avec ces deux observations finit en même temps que notre parallèle entre la donation et l'échange, l'étude que nous avions entreprise sur ce dernier contrat.

Certes, on pourrait le rapprocher encore de plus d'une opération juridique, mais nous croyons l'avoir envisagé sous ses aspects les plus intéressants, et après l'avoir suivi, au cours de cet ouvrage, depuis son apparition dans la législation romaine jusqu'à nos jours en passant par la période intermédiaire de notre droit coutumier, nous sommes autorisé à conclure que, s'il n'a jamais offert au point de vue pratique qu'une importance secondaire au sein des sociétés civilisées, il présente en revanche pour le jurisconsulte un intérêt scientifique de premier ordre : c'est là désormais à nos yeux une vérité incontestable, que nous aurions assurément voulu pouvoir démontrer avec plus d'autorité dans les pages qui précèdent, mais à laquelle nous sommes heureux du moins de rendre, en terminant, le plus sincère hommage.

POSITIONS

DROIT ROMAIN

I. Il y a antinomie entre les lois 16, *De condictione causâ datâ* (D. XII. 4) et 5, *De præscriptis verbis* (D. XIX. 5) sur la nature du *negotium do pecuniam ut rem des.*

II. Le pacte d'échange engendre une obligation naturelle.

III. L'échange est un contrat synallagmatique parfait.

IV. Il y a antinomie entre les lois 16, *De condictione causâ datâ* (D. XII. 4) et 5, *De præscriptis verbis* (D. XIX, 5) sur la théorie des risques.

V. L'action *præscriptis verbis* est exclusivement destinée à servir de sanction aux contrats innommés.

VI. L'action *præscriptis verbis* est toujours de bonne foi.

VII. La *condictio ob rem dati* est une action purement personnelle.

VIII. A l'époque classique, la *condictio ex pœnitentiâ* n'était pas admise dans le contrat d'échange.

IX. L'élément désigné par les interprètes sous le nom de *causa civilis* n'est pas essentiel à la formation de tous les contrats.

X. L'action *præscriptis verbis* était admise à sanctionner le *negotium facio ut des* aussi bien que les autres contrats innommés.

DROIT CIVIL FRANÇAIS

I. L'échange avec soulte est pour le tout une vente ou un échange, suivant que la valeur de la soulte est supérieure ou inférieure à celle de l'objet auquel elle est jointe.

II. La subrogation réelle est applicable à l'échange en matière de successions anomales.

III. Les immeubles des mineurs et interdits peuvent être valablement aliénés à titre d'échange par le tuteur, sous réserve de l'accomplissement des prescriptions de l'article 457, C. C.

IV. Les conquêts de communauté ne sont pas grevés de l'hypothèque légale de la femme.

V. L'héritier renonçant ne peut prétendre à la réserve ni par voie d'action ni par voie d'exception.

VI. La règle aux termes de laquelle l'immeuble dotal ne peut être aliéné est un statut personnel.

DROIT INTERNATIONAL

I. Les jugements rendus à l'étranger n'ont pas en France force de chose jugée.

II. La convention ayant pour but de frauder les lois de douanes d'un pays voisin ne doit pas être reconnue par les tribunaux français.

HISTOIRE DU DROIT

I. La censive n'est qu'une dérivation du précaire romain.

II. C'est dans les Chartes d'immunité de la période mérovingienne qu'il convient de placer l'origine des justices seigneuriales.

DROIT CRIMINEL

I. Les lois sur la surveillance de la haute police ont un effet rétroactif.

II. La solidarité établie par l'article 55 du Code Pénal peut être proclamée par les tribunaux civils.

DROIT COMMERCIAL

Tel qu'il a été rédigé par le législateur, l'article 3, § 2 de la loi du 29 juillet 1867 sur les sociétés commerciales est incompréhensible.

Vu par le Président de la Thèse :
E. Colmet de Santerre.

Vu par le Doyen de la Faculté :
G. Colmet-Daage.

Vu et permis d'imprimer,
Le Vice-Recteur de l'Académie de Paris :
Gréard.

TABLE DES MATIÈRES

Pages

TROISIÈME PARTIE.—Droit civil français.

IMPRIMERIE CENTRALE DES CHEMINS DE FER. — A. CHAIX ET Cie,
RUE BERGÈRE, 20, A PARIS. — 12556 9.

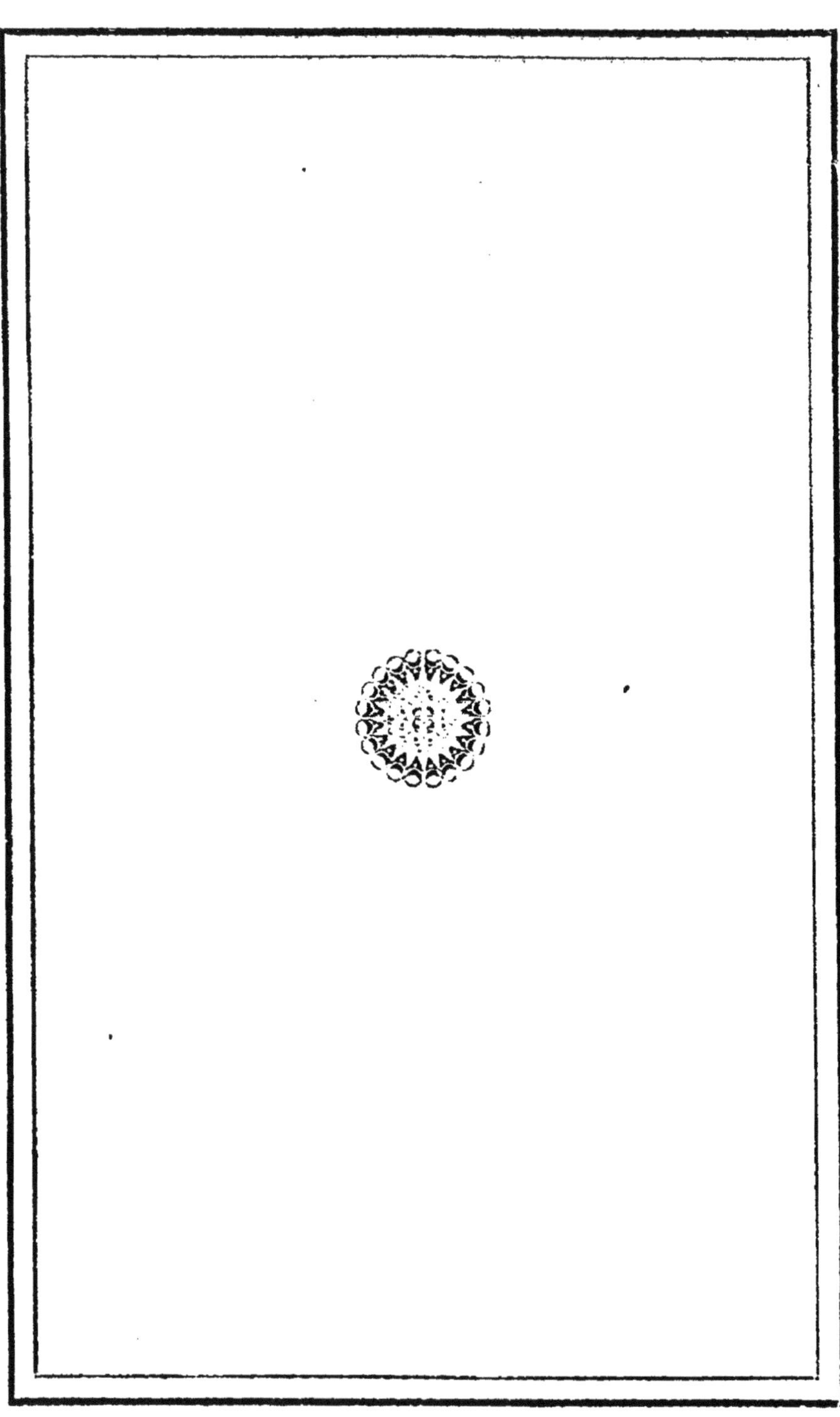

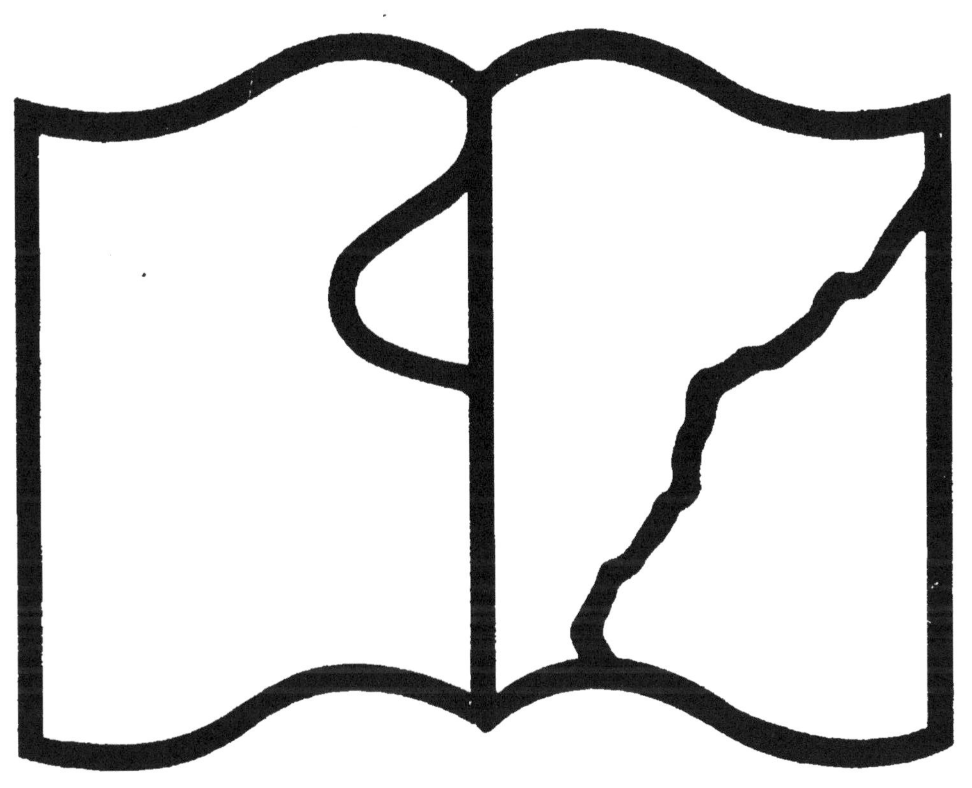

Texte détérioré — reliure défectueuse

NF Z 43-120-11

www.ingramcontent.com/pod-product-compliance
Ingram Content Group UK Ltd.
Pitfield, Milton Keynes, MK11 3LW, UK
UKHW021925230726
13925UKWH00007B/531